「玉の湯」の看板は画家・安野光雅氏の筆

安野光雅氏デザインの「玉の湯」の包装紙

中公文庫

由布院ものがたり

「玉の湯」溝口薫平に聞く

野 口 智 弘

中央公論新社

刊行によせて

「これくらい」の哲学が由布院支えた

「亀の井別荘」主人　中谷健太郎

「これくらいで良いんじゃないかい？」。クンペイさんに真顔で言われると、のぼせ上がっていたコウちゃんも私も一瞬チエ熱が冷めた。チエ熱、すなわち「好奇心」である。花咲き乱れ、鳥歌い、石造りの窓に灯が点る。四十年も昔、三人そろってヨーロッパのムラや温泉を回った。「由布院の未来像」を固めようというのだ。五十日に及ぶバックパック旅行である。毎日、二人が事を起こし、毎日クンペイさんが耳元で囁いた。「これくらいで良いんじゃないかい？」

この言葉がなかったら、コウちゃんと私は手に手をとって、「由布院の未来像」を溶解させていたかもしれない。「これくらい」が「どれくらい」であったかは、別の機会に申し述べるとして、「これくらい」のクンペイさん哲学が、その後の由布院の、いささかサーカス風な「息せき切った町づくり」を、やんわりと支えてくれたことは確かだ。時に轟音を響かせて盆地の空を横切るジェット機の間を、クンペイさんは静かに、グライダーのようにゆらゆらと飛び続けた。

四十年の間にその航跡は少しずつ伸びて、今は大分・九州から日本列島全体に及んでいるけれど、いや、まあそんな人が大分界隈にも少なからずいらっしゃるけれど、クンペイさんの、あの擦り寄るような「静けさ」にはかなわない。

「よう努めるなあ」と誰もが言う。「ようお世話が出来る」。その通りだ、私もそう思う。だけどクンペイさんは嫌々「歯を食いしばって」それをやっているわけじゃない。「一歩一歩マイペース」で目の前の土を踏む。「それだけのことじゃ」と本人が言っていた。若い頃に身につけた「山登りのクセ」だそうだ。

ほんとうはクンペイさんはワガママな人だと思う。やりたい放題の自由人である。嫌なことはやらない。いや、クンペイさんに嫌なことはないのだろう。そこに「山」があり、「花」があり、「蝶」がいる。「山」に向かって屹立せず、「山」を排除しない。破壊しようとはもちろん思わない。ひたすら山を望み、土を踏み、足を休め、周りを眺め、同行者と語らい、水場の水を飲み、弁当を食い、後を片付けて山を降りる。人生それだけのことと腹をくくれば、町も、組織も、旅館も、山も、ムラも、「地球は一望、大空の果て」だろう。

だけどまあ、こんな奇怪な人を家の中に四十年も飼い続けてビクともしない「家族」の在りようもスケールを越えている。カミサンは不思議な光を放っているし、娘御のイズミさんは「不愉快な人に会ったことがない」そうな。クンペイさんの面白さはその辺りにつながってくるのだが、話が長くなるから止めよう。嬉しい友人である。

由布院観光の全貌に迫る貴重な歴史書

「山のホテル夢想園」会長　志手淑子

私が住みはじめた昭和三十年代半ばの由布院は、登山客や避暑客がわずかに訪れる、まことに静かな、寂しい温泉郷でした。

あれから半世紀近くの歳月が流れ、今や由布院は「あこがれの観光地」として全国でも最上位にランクされるようになりましたが、その地域づくりの中心的な役割を担ってこられたのは、溝口薫平さんと中谷健太郎さんでした。

由布院の町づくり誌としては、熱狂的に読み継がれた健太郎さんの『たすきがけの湯布院』がありますが、時代としては半分くらいまでで、続編を切望されつつ今日に至っています。

このたびの『由布院ものがたり』は、聞き書きでありながら、薫平さんの驚くべき記憶、確かな視点が臨場感あふれる語り口で生き生きと読者に伝えられ、個人の体験記や一旅館の物語を超えた由布院観光の全貌に迫る貴重な歴史書になっていると思います。由布院の地域づくりをこれほど詳細に、多岐にわたって網羅した書籍はなく、「町づくりの歩みを記憶のみではなく文字で残したい」という私たちの願いが叶えられたのです。

薫平さんは自然や生きものをこよなく愛され、細やかな気配りによって蓄積された人脈をフルに生かして「真のおもてなし」と、その「成果」を身を以て示されました。読後、私たちは、並々ならぬご努力と忍耐強さに深く感動させられます。

昨今は、「観光カリスマ」として大御所的な存在になられましたが、「私は調整役です」と謙虚なお人柄は以前と少しも変っていません。青年時代の楚々とした風情を今に残す清々しい人です。

ここ数年、由布院は新たな幕開けの時代を迎えています。薫平さんの長女の桑野和泉さんを中心に、多くの次世代の若者たちがしっかり連携し、地域づくりに熱心に取り組み、着実に成果を上げています。

由布院観光が世代交代に入ったこの時期、薫平さんの『由布院ものがたり』が後に続く人たちに愛読されますよう、心から願っています。

最後に、訪ヨーロッパ三人組の私の亡き夫康チャンも、「薫平さん、いつまでも、よう頑張りよるなあ」と、喜んでいると思いますよ。

まえがき

「この町への熱き思いを」

「由布院　玉の湯」会長　溝口薫平

この土地に生まれた「地つき」の人間ではない「よそ者」としての私が、この小さな由布院盆地で、どう暮らしてきたのか。私が最初に取り組んだテーマは、「子供たちが、この町に生まれて良かったと思うことができて、自信と誇りをもって暮らせる町にするには、まず、何から始めたらいいのか」ということであったように思います。

君の故郷はどこだと聞かれても、うまく答えられない恥ずかしさ。「由布院です」と言っても、わかってもらえず、いつも「別府のひと山裏側です」と答えてしまう空しさ。

そんな一寒村の町が、四十年の歳月を経て今や押しも押されもせぬ観光地になりましたが、そこまでのプロセス、仲間と共に支えあってきた小さな歩幅の時間は、すでに新聞社の友人や盟友中谷健太郎さんが津々浦々で書き広めてくださっています。それ以外にも、様々な分野の方々が由布院を語ってくださり、地域づくりに関する若き研究者の皆様の手によって報告もされています。親しき友人である故木谷文弘さんは、由布院のテキストとも言うべき『由布院の小さな奇跡』（新潮新書）を遺されました。

いまさら私が語るべきか……という気もいたしましたが、ここ数年、この町で共に生きてきた先輩や仲間があいついで亡くなり、もっとお話を聞いておけばよかったという思いと、先輩たちの苦難の歴史を、私の記憶が定かなうちに語っておくべきか、そんな思いにも後押しされて、今回の語り部役をお受けした次第です。

この一年、取材のために、ご多忙の中を大分市から駆けつけてくださった、当時西日本新聞大分総局長、野口智弘さんをはじめとして、この時間を支えてくださった大分総局の皆様、各地の由布院関係者の皆様、本当に有難うございました。表紙の写真をはじめ、たくさんの写真を撮影して提供くださった飯田安国さん、親本の装幀をして下さった毛利一枝さん、出版部デスクの安武信吾さんに厚く感謝いたします。また、紙面にお名前を列記できませんでしたが、多くの由布院ファンの皆様、町民の方々に、心からお礼を申し上げます。

由布院ものがたり　目次

二の章　生い立ち　61

三の章　旅館の主人になる　95

六の章　由布院の危機　169

七の章　発信するまちへ　191

十の章　地域とともに　247

由布院ものがたり　「玉の湯」溝口薫平に聞く

一の章　わが町、由布院

平日でも多くの観光客で賑わう湯の坪街道

雑木林の小径

「これは虫屋の庭だ。虫と鳥が育つ環境がここにある。普通の旅館のオヤジじゃないな。虫の好みを知っているオヤジだ」

日本昆虫協会の会長でファーブルの翻訳で著名な奥本大三郎さんが、「玉の湯」の庭を見てこうなったそうです。さすがです。見事に見抜かれました。

「玉の湯」の入り口からは雑木林に覆われた小径《こみち》がフロントまで三十メートルばかり続きます。何百本のクヌギ、コナラ、ケヤキなどの広葉樹。草もぼうぼうと生えています。四季それぞれの花が咲き、小鳥やチョウ、トンボなどの昆虫が訪れてきます。

私は高校時代に生物部に所属していました。日田市立博物館の設立にもかかわり、山登りが趣味です。ところが、旅館経営に携わり登山はできなくなりました。それでは、うちの宿に雑木林をつくって昆虫を呼び寄せようと思いついたのです。

しかし、地面を少し掘ると温泉がわき出る土地。樹木はうまく育ちません。知人の森林学者に相談すると「土を入れ替え由布院で自生している樹木を移植するのがいい」と教えてくれました。一九七一（昭和四十六）年の河川改修工事の際に排湯工事もしてもらい、山から大量の土を運んできて深さ三メートルほどを全部入れ替えました。そして、雑木をどんどん植えたのです。

肥えた土では樹木は深く根を張りません。だから、石混じりの土を入れ三千坪の土地を荒れ地にしたのです。頭がおかしくなったと思われた方もいました。でも、石交じりの土は水はけがよく、樹木の根は水や栄養分を求めて奥へ奥へと伸びて張ります。樹木は強く成長して踏ん張りが効き、少々の強風では倒れなくなります。九重の山々をたくさん歩き回り、自然をしっかり見て学んだことなのです。

税務署の人が来ましたよ。「何百万円もの土地を買われたそうですが？」と尋ねるのです。「ここですよ」と答えると「ここは前からあなたの土地でしょう」ときょとんとした顔。「いえ、土地でなくて土を買ったのです。将来、木を植えますから」。部屋を増築した方が収益が上がるのに、無駄な雑木林に投資したのですからね。理解できなかったのも当然でしょうね。

虫や鳥が安心して休息できる庭のように、人々に癒やしを提供できる由布院にしたい。これが私たちの町づくりの原点でした。仲間たちと支え合ってきた由布院の物語をしばらく語ってみたいと思います。

由布岳信仰

私の一日は美しい由布岳を仰ぎ見ることから始まります。豊後富士ともいわれ、標高一五八三・三メートル。四季が移り変わるごとにさまざまな姿を楽しませてくれる由布岳は、若いころから何度も登った山です。

『万葉集』には由布岳を詠んだ歌が四首あります。その一つがこの歌です。

をとめらがはなりの髪を木綿《ゆふ》の山　雲なたなびき家のあたり見む

（雲よどうかたなびかないでおくれ、木綿山が曇ると、なつかしい女人のいる家のあたりが見えなくなるから）

木綿は「ゆふ」と読みます。奈良時代の『豊後国風土記』によると、この地にはコウゾが野生しており、その皮で木綿を作っていたので、それが地名となったそうです。ぱらりと放った髪を結い上げている乙女の姿を、由布岳に込めた歌で、なんとも美しい調べではありませんか。

余談ですが、小泉純一郎元首相が作家、井上靖さんの大ファン。私が二〇〇二（平成十四）年に国土交通省の「観光カリスマ」に選ばれて首相とお会いした席で、小説『風林火山』に登場する伝説の「由布姫《ゆうひめ》」の名は、作家が由布岳を実際に見て思いついたに違いないとおっしゃるのです。その話の延長で、〇五年十一月に大分県別府市であった世界観光学生サミットに出席されて「玉の湯」に宿泊された際、艶《つや》やかに輝く晩秋の由布岳の姿を見て自分の推理に間違いがなかったと確信なされて、とてもご満足そうでした。

由布岳は私たちにとって信仰の対象です。由布岳が常に見える景観を守るというのが、町づくりの原点でした。由布岳山頂から見下ろすと標高五〇〇メートルのなだらかな田園風景が広がります。この小さな由布院盆地が乱開発されないように、いつまでも心安らぐ町であることだけを考えて行動してきました。

由布院は寂《さび》れた小さな温泉地にすぎませんでした。しかし、今では年間四百万人もの観光客が訪れています。まさに千客万来の光景。町づくり運動のリーダーで、わたしの戦友ともいえる旅館「亀の井別荘」の中谷健太郎《なかやけんたろう》さんや、亡くなられた「山のホテル夢想園」の志手康二《しでこうじ》さんらを中心にして四十年も景観を守る戦いを行ってきた成果に、達成感を感じずにはいられません。由布岳の麓《ふもと》で起こった奇跡と言う人もいますが、そうではありません。「自分たちの住む町をいい町にしよう」という仲間たちの素朴で熱い情熱のたまものなのです。

育てたブランド

「九州由布院盆地」

これが私の名刺に刷られている住所です。実存しない地名ですが、私たちの意地が詰まっているのです。

平成の大合併の波は、この盆地にも容赦なく吹き荒れました。「地方分権」「効率化」「財政基盤の安定」というのが合併を推し進める国の言い分。大分県もその方針に従って、旧大分郡の湯布院町と庄内町、挾間《はさま》町の三町を「由布市」として合併させようとしたのです。

私たちは真っ向から反対しました。「ゆふいん」の名称は、私たちが長年かけて大事に育て上げてきたブランドです。地域が自立していく手だては何だろうとみんなで探ってきたわけです。そんな町づくりの苦労を知らず、よその地域が漠然と「ゆふいん」の名を使うことに町の人たちは抵抗がありました。

反対運動は当時の推進派町長へのリコール、町長の辞職、出直し町長選へと発展しました。しかし、国や県の威信をかけた大事業の前に、私たちの〝反乱〟は無力でした。二〇〇五（平成十七）年十月、人口三万五千人の由布市が誕生しました。

合併反対運動の真っ最中でした。福田康夫さんが首相になられる前の〇四年に「玉の湯」にお越しになり、「溝口さんは合併に反対だそうですね。湯布院が庄内町と挾間町に手を差し伸べて、一緒にレベルを上げていくことはできないのですか」と尋ねられました。「自立の精神の考えがあまりにも異なります。私たちは四十年もかけて、今のブランドをつくりました。安易な合併は地域の活性化にならないと思います」と答えました。福田さんは例の困ったような顔をなされましたね。

既に合併してしまい、この件はもう仕方ありません。むしろ、これからは地域がこれまで以上に独自の文化・経済圏を創造して連携することを目指したいと思っています。盆地は日本全国にあるでしょう。地域力を高めた盆地同士がお互いに手を取り合って連携し、全国の盆地の活性化ができないかということを考えています。

そんな思いを込めて、中谷健太郎さんらと作った名刺が「九州由布院盆地」なのです。郵便物ですか？　由布院が無名だった昔なら難しかったでしょうけど、この住所で全国からちゃんと届いていますよ。それが「ブランド力」なのです。

由布院と湯布院

「由布院」と「湯布院」。わたしたちの地名の表記は二通りあって、どちらが本当の「ゆふいん」ですか、という質問が多く寄せられます。

由布院盆地の中の地名が「由布院」。JRの駅名は「由布院駅」ですし、温泉名も「由布院温泉」です。「湯布院」の地名が出来たのは一九五五（昭和三十）年に由布院町と湯《ゆの》平《ひら》村が合併したとき。湯平村の「湯」の字をいただき「湯布院町」が誕生しました。平成の大合併で由布市湯布院町となり、ますます分かりづらくなりましたが……。

昭和中期までは、由布院より湯平の方がはるかに有名でした。江戸時代に石畳の温泉街ができ、大正期には別府温泉と並ぶ名湯と称賛されます。湯平駅前にはT型フォード製のタクシーが列をなして客待ちするほどだったそうです。胃腸病に効果があるといわれる飲用泉が全国的に有名になり、療養温泉の西の横綱にランクされてもいます。

六九年にNHKの「ふるさとの歌まつり」の番組収録で湯布院町に来られた司会者の宮田輝さんを湯平温泉に案内したことがあります。その石畳の情緒あふれる温泉街を「素晴らしい。街並みを昔ながらの雰囲気にそろえれば、日本一の温泉地になりますね」と絶賛されました。

ところが、その後の湯平温泉は大温泉観光地の別府と、癒やしの温泉地として台頭した由布院との間に挟まれて、低迷します。原因を考えてみました。

由布院には湯布院町の初代町長になる岩男頴一《ひでかず》さんの存在がありました。岩男さんは由布院を別府のような歓楽街じゃない静かな保養温泉地にするため先頭に立ってかじを取りました。その流れの中で中谷健太郎さんや志手康二さん、私のような民間人も協力していったわけです。ここ十数年で急激に人気を高めた熊本県の黒川温泉も、旅館「新明館」の後藤哲也さんというカリスマの存在と、彼に同調した旅館の経営者たちの連携がなければ、今の黒川温泉はなかったでしょう。

魅力ある地域づくりは、一朝一夕にはできません。強力なリーダーとサポーターが必要です。今、湯平も昔の街並みに整備したり、いろんなイベントを行うなど再生に頑張っています。湯平の再復興が成功して由布院と違った個性を発揮してくれると、この地域の大きな活性化につながると期待しています。

小林先生のヒント

「虫屋の庭」と言われるようになった雑木林の小径ができたのは、文芸評論家の小林秀雄先生がくださったヒントがきっかけでもありました。

一九五三（昭和二十八）年に禅寺の保養所として開業した「玉の湯」は、七四年から二年をかけて大改築しました。当時はフロントまで車が乗り入れていましたが、歩いておられるお客様にはご迷惑。そんなとき、小林先生が「道を狭くして車が入れないようにすればいい。コンクリートの塀などではなく、草花や樹木を植えたらいい」とアドバイスしてくださったのです。

小林先生が由布院に最初にお越しになったのは七三年。宮崎県延岡市での文芸講演会の後、「別府の奥にひなびた温泉地がある」とお聞きになり、「玉の湯」にお泊まりになりました。びっくりしましたよ。小林先生以外にも文芸評論家の中村光夫先生、小説家の水上勉先生、政治風刺漫画家の那須良輔先生など著名な方ばかりでしたから。

以来、小林先生は亡くなられるまで夫婦で年に一、二度は必ず「玉の湯」にお越しになりましたが、年々大きくなる樹木にご満足そうでした。「これでいい。由布院らしい庭になりました」。ただ、小林先生は最後まで由布院のことを原稿にされませんでした。「私は『玉の湯』のことを書かないよ。私が書くと多くの人が来て静けさが壊されてしまうからね」と言われました。

親類で随筆家の白洲正子先生から「『玉の湯』に連れて行ってよ」と何度も頼まれたそうですが、断ったそうです。「だって、彼女はすぐにいろんなところに書くからね。私はこの静けさをじっと見続けていたいんだよ。その代わり私が気に入っている間は来るから」と笑っておられました。本当に由布院の静かな自然と温泉が好きな方でした。

雑木林の小径は、五人の外回りの従業員が大事に雑草を育て、野花を咲かせ、四季の移り変わりをいつでもお客さまに発信し続けております。天国の小林先生もお喜びのことでしょう。

若いころ、大分県久住町（現竹田市）の法華院《ほっけいん》温泉にある「あせび小屋」が山登りの拠点でした。そこからながめる大船山《たいせんやま》と、「玉の湯」から見る由布岳との光景が重なって見えるのです。好きな景色を前に、居ながらにして昆虫観察ができて幸せです。本当はずっと山男として過ごしたかったですけれどね……。

大分の迎賓館

「お一人様　一泊二食　三万四千八百円～五万七千九百円」。「玉の湯」の宿泊料金です。確かに高いですよね。しかし、この料金設定にこそ、由布院ブランドを守っている秘密があるのです。

四十年前の由布院は無名で、旅館は三十数軒。いずれも十部屋程度の小さな旅館ばかりでした。その中には別荘風旅館、観光旅館風、団体旅館風という違ったタイプがありました。それで、性格が同じ旅館が同程度の料金を設定したのです。

癒やしを求められるお客、駅に近くて安い宿でいいとおっしゃる方、お世話になった方をご招待したいという人。学生から熟年夫婦まで、お客様の層も、旅の目的も異なります。どんなニーズにでも合うように多様な宿泊施設を地域につくろうというのが、目的でした。

中谷健太郎さんの「亀の井別荘」、藤林晃司さんの「山荘無量塔《むらた》」、そして「玉の湯」の三軒が高額料金を設定しています。続いて三万円台、二万円台、一万円台があり、五千円の宿もあります。料金帯ですみ分けて、お互いの市場を侵略しないという暗黙のルールを決めたのです。

稼働率を高めるため値引きして客を呼ぶことになると、その下の市場を侵食します。被害を受けた宿は仕方なく値引きして、さらに下の宿が苦しくなります。利益確保のためには安い輸入食材を使ったりして料理の質を落とす。悪循環です。由布院では宿の質を落とし、地域の経済をも瓦解させることがないよう値引きはしないのです。

お客様に値段通りの満足感をもってもらうことは、大変なことです。私たちの売りは由布院という田舎の山村を味わってもらうこと。素朴で自然豊かな癒やしの宿を提供することです。「玉の湯」では部屋数は十八部屋ですが、百人近くの従業員でお客様に心のこもったサービスが行き届くように努力しています。

おかげさまで、各旅行会社の投票で選ばれる「にっぽんの温泉100選」（観光経済新聞社主催）で、由布院は常に上位にランクされています。「人気温泉旅館ホテルの250選」にも由布院から六軒も選ばれています（二〇〇八年度）。かつて閑古鳥が鳴いていた由布院の旅館でしたが、今では「大分の迎賓館」と呼ばれています。誇りですが、それを維持していくには大変な努力をしないといけません。

昭和の別府風景

宿泊費値引き競争が引き起こした典型的な失敗例が由布院のお隣、大分県別府市の温泉地でしょう。日本最大の温泉地として繁栄していましたが、一番の大型ホテルが一九七〇年前後に次々と施設を増設。二千人を超す収容数とレジャー施設を誇る巨大ホテルとして君臨します。

時代は高度経済成長期の真っただ中で、団体旅行が全盛期。別府の街は歓楽温泉地の色を濃くしていきます。巨大化したそのホテルも団体客をターゲットにして、大衆的な料金を設定しました。つまり、高級、中級、庶民的な旅館までのマーケットを全部侵食していったのです。

対抗するために、ほかの旅館も競ってホテル風に大型化していきました。何台ものバスで大勢の団体客が続々とやってくるわけですから、八畳の部屋を七畳半の間取りに改造して部屋数を増やすことがはやりました。お客さまの快適性よりも、効率性を追求していったわけです。

設備投資した分の元を取るために施設の中に宴会場、売店、ラーメン店、スナック、カラオケバーなどをつくりました。中心商店街や飲食店街にも観光客を引きつける魅力に欠けていたこともあり、お客が宿から出なくなりました。観光客が地元商店街にお金を落とすことが少なくなり、共存共栄の構図が崩壊してしまったのです。

最近は体験型イベント「ハットウ・オンパク（別府八湯温泉泊覧会）」が地域づくりと連動。韓国や台湾の観光客誘致も好調で別府観光は復活しつつありますが、客のニーズの変化とバブル崩壊による不景気で一時期は低迷期を迎えたのです。

由布院は別府とは逆のことをしました。男性天国の歓楽地が時代の流れでしたが「小さな別府になるな！」を旗印に掲げて生活型観光地を目指しました。そして開発計画が持ち上がるたびに「自然を守れ」と叫び続けたのです。別府の人たちからは「由布院の連中は変わり者だ。かすみでも食って生きるつもりか」って冷やかされましたよ。

由布院は女性が喜ぶ癒やしの温泉地として成功しました。よく先見性があったと評価されますが、内実は由布院の旅館がどこもここもが貧乏だったからにすぎません。宿を建て替えたり、大型化する資金などなかったのですから。生き残るためには、旅館の経営者は結束して悪戦苦闘しながら知恵を出し合うしかなかったのです。

観光戦略の拠点

由布院の小さな旅館や観光業者が知恵を出し合って誕生したものに「由布院観光総合事

務所」というのがあります。観光協会と旅館組合を統括する全国的にも珍しい民間組織で、観光戦略の拠点となっています。

事務所は約六千万円の予算で運営していますが、会費のシステムがユニークです。各旅館に売り上げの一万分の六の賛助金を自己申告させて公開しているのです。具体的には十億円を売り上げた旅館は、年間賛助金六十万円。二十億円だと百二十万円。旅館組合の月会費が三千円均一で、年間でも三万六千円ですから、売り上げが大きい旅館にとってはかなりの負担です。

これは、由布院の旅館がブランドを守っていくことにつながっていきます。総合事務所が由布院全体のPRとイメージアップの作戦を一気に引き受けているわけですから、一つの旅館だけが過大な投資をしてPRする必要はなくなります。値引き合戦などのような無駄な競争もいらず、自分たちの身の丈にあった経営に専念することができるわけです。

こうして旅館全体の平均化が図られる一方、「亀の井別荘」「無量塔」「玉の湯」といった、いわゆる「ご三家」が世間に注目されれば、由布院の旅館が目指す旗にもなります。この三軒とも部屋数は二十部屋足らずの小さな旅館なんです。それでも全国の人気旅館として注目される。「ああいう小さな旅館でも有名になれる」とほかの旅館が努力してリピーターをつくっていくことで、由布院全体で旅館の質が高まっていく。部屋数も少ないわけですから、宿泊予約が難しくなる。すると値引き合戦もしなくていい。こうして「ブランド」が守られていくわけです。

売上金を正直に申告するのか、という疑問もあるかもしれませんが、「おかしいなあ」って疑われる旅館はすぐに分かるんですよ。狭い地域ですから、お互いの顔も経営スタイルも分かっている。その旅館の稼働率や週末の状況などはだいたい把握できます。ごまかしは人格を問われます。この商売にとって信用を失うということは、一番の致命傷ですからね。

真摯《しんし》な態度で自己申告することは「由布院ブランド」をみんなで支えようというプライドでもあります。お客さまに対する旅館の忠誠心も試されているわけです。

大魔人の手腕

「由布院観光総合事務所」を立ち上げた一九九〇（平成二）年は、日本列島にバブル経済の嵐が吹き荒れていました。由布院も乱開発の波に直面します。そのときの話はのちほど語りますが、由布院のような民間主導の町づくりに限界と危機感を抱き、旅館組合と観光協会を強化するためにつくったのです。

運営を取り仕切る事務局長は、一時期を除いて地元以外の人を全国から募っています。第三者の冷静な目でないと真剣な地域改革は難しいと思うからです。考え方も利害関係も違う人たちの交通整理には、人間関係にしがらみのある地元の人ではとても無理。また、若い人を採用することで世代交代の布石を打つ意味もありました。

九六年から二年間は静岡県職員だった溝口久さんが事務局長に採用されました。通称久《きゅう》さん。当時、三十八歳。身長百八十八センチ、体重九十キロ近くあり、「大魔神」ならぬ「大魔人」のあだ名で由布院観光に手腕を発揮します。

久さんは建築技師として都市計画を担当していましたが、ある村で住民参加のまちづくりに携わった経験が忘れられずに湯布院町に家族四人で移住。主催者として取り仕切る牛喰《く》い絶叫大会で、牛肉のにおいに負けて食べる側に回ってしまった失敗談もありますが、後に由布院の地産地消運動のきっかけとなった地元農民と料理人とを結ぶ「ゆふいん親類クラブ」を立ち上げるなど、その功績は大です。

また、一級建築士の技術を生かして、ゆふいん建築・環境デザインガイドブックの作成や、絶叫大会で使う組み立て式の「絶叫台」を設計。増築した総合事務所の基本設計をするなど、形としても久さんの財産が残っています。

静岡県庁へ戻ってからは技術職から事務職へ転向。二〇〇七年には、低迷する東伊豆町・稲取温泉が観光協会事務局長を全国公募しましたが、これは久さんの発案です。「ジリ貧温泉再生、年俸七百万円家付き。成功報酬あり」。由布院流の知恵で千二百八十一人もの応募者を集めました。〇八年から観光振興室に勤務。「地域の魅力を高めないと観光地としてやっていけない」。由布院の住民と一緒に汗を流した経験を、静岡県でも実践しています。

「由布院に来たのが人生のターニングポイント。全国にすごい人的ネットワークができました」。毎年最低一度は「帰省」される久さんの笑顔を見るたびに、由布院の風が全国に吹いていることを実感できるのです。

酒宴面接

「異例の酒宴面接！」。由布院観光総合事務所は全国で話題になった採用試験を実施しました。一九九七（平成九）年十二月、溝口久さんの後任事務局長を初めて全国公募したのです。面白がったマスコミが全国にニュースを流してくれたので、米国在住者を含めて九十三人もの応募があり、経歴も町長、助役、会社役員などさまざまでした。

一次試験は「由布院についての提言」という論文で二十一人が通過。多くの人が由布院に協力したいと手をあげて下さっただけでも感激でしたが、論文も内容の濃いものばかり。読んだだけでも勉強になり、公募してよかったと思いました。

翌年の二月、いよいよ二次の面接試験です。旅費は自己負担ですが、宿代や食事代は無料。嫁さんや子供、恋人、両親を連れてきても、宿泊費は全部面倒をみますよという条件でした。そのころの由布院は既に人気の観光地。採用されなくても、一流の旅館に無料で泊まれますよと心を揺さぶってみたのです。帰ってから由布院の良さを口コミで広めてもらえることももちろん期待していました。

この条件で実際に由布院にやってきたのが十九人。面接官は、委員長に地域づくりの専門家で東大教授だった大森彌《わたる》さん。副委員長が町づくりプランナーの林泰義さんというそうそうたるメンバー。当時の観光協会長だった中谷健太郎さんも面接官になって厳しい審査が始まりました。「由布院のキーワード三つを一分以内に説明して！」「協会幹部と意見が食い違ったらどうする！」

面接官の質問攻めにも立派に回答する受験者。最終的には五人くらいに絞られたのですが、ここで結論を出さないのが由布院流。われわれは応募要項にも書いてなかった「第三次最終試験」を準備していました。接待業ですから酒の席が多い。酒癖が悪くて相手に絡んだり、酔いつぶれたり、二日酔いがひどい人は適任ではないからです。

「酒宴面接」が始まりました。地ビールで乾杯した後、「これも審査対象です」と打ち明けたのです。昼間は表情が硬かった受験者も、のどを潤すごとに本音が飛び出ます。立食パーティーから始まり、二次会、カラオケで三次会……。二〇一〇年まで事務局長を務められた米田誠司《せいじ》さんはこうして難関を突破して採用されました。

「表に出ろ」で合格

「酒宴面接」で由布院観光総合事務所の事務局長となった米田誠司さんは、当時三十四歳。山口県下関市の出身で、早稲田大学の理工学研究科の大学院を修了後に東京都庁に入りました。多摩ニュータウン開発や地下鉄大江戸線の現場監督でしたが、「ソフト面の町づくりに魅力を感じていた」と言います。

嫁さんの昌子さんの実家が大分県別府市。帰省中に新聞で全国公募の記事を見て応募してきたのですが、九十キロの巨体は飛び抜けて目立っていました。酒の飲みっぷりはいいし、文句なしで「酒宴面接」の一位でしたが、昼間に行った面接の態度も体と同様にでかかった。

観光協会長だった中谷健太郎さんが意地悪い質問をします。

（中谷）「苦情客が目の前と思って怒ってみ」
（米田）「事情を聴いて丁寧に説明します」
（中谷）「そんでも苦情を言ってきかんなら」
（米田）「ゆっくりと事情を聴いて対応します」
（中谷）「そんでもしつこくしつこく苦情を言う」

(米田)「時間をかけて聴いて、どうしてほしいか対処します」

(中谷)「そんでも苦情を怒鳴るように言う人がおる」

(にやりと笑いながら米田)「表へ出ろ！」

私たちの心をわしづかみにした瞬間でしたが、本当に来てくれるかどうか心配でした。ところが、米田さんは「任期の二年間では何もできない」と出向ではなく都庁を辞めてくるという。上司から「絶対ダメだ」と慰留があったそうですよ。給料もかなり減る。それでも、昌子さんが「ついて行くのではなく、私も由布院でやりたいことがあるから行く」と家族四人で移り住んでくれたのです。環境のいいところで子供を育てたいと。うれしかったですね。

それから十数年、米田さんが交換した名刺は二万枚以上。すっかり由布院に溶け込んで観光業務の切り盛りに活躍しました。

その後、米田さんは熊本大学の大学院で由布院のまちづくりをテーマに博士号を取得。家族を由布院に残したまま、一二年から愛媛大学法文学部総合政策学科の「観光まちづくりコース」の講師になりました。いつも学生を引き連れて由布院に里帰りしています。「酒宴面接」はその後、各種企業の人事部から問い合わせが殺到しました。「従来の面接では本当の人間が分からない。ノウハウを学びたい」。人を呼ぶ話題づくりは由布院の得意技なのです。

ゆふいん料理研究会

由布院観光で最近の特徴の一つが、連泊の方が増えていることです。不景気だから宿泊数を減らすのではなく、逆に「あちこちいくのがめんどう。知っているところでゆっくりしたい」と言われます。宿を替えられる方や、違う旅館で食事だけとられる方もいらっしゃる。そうなると、料理やおもてなしにも工夫が必要となってきます。

由布院では、お客さまが別の旅館を利用される際に「昨日はこの料理を出しました」とファクスして、違うメニューを提供する仕組みがあります。また、料理人同士が自分の旅館のレシピを公開。毎月集まる勉強会で、よりおいしく、より安全な料理の情報を交換しています。これが「ゆふいん料理研究会」。「玉の湯」など旅館約三十軒で百二十人の料理人が参加しています。

自分の旅館の料理だけが良くてもダメ。由布院全体の料理の質がレベルアップしないといけない。こんな思いを込めて一九九八（平成十）年に結成されました。かつて、われわれ旅館の主人たちが連携して行ってきた地域づくりの哲学が、料理人の世界にも広がった組織と言っていいでしょう。

音楽祭や映画祭の打ち上げパーティーにも研究会のメンバーが料理を提供します。最初は抵抗がありましたよ。料理人の世界はものすごく閉鎖的。公の場でよその店の料理人に手の内を明かすようなことは、絶対に許されないことですから。

しかし、映画スターたちが食べて「あなたの作った料理はおいしい」と褒めてもらえる絶好のチャンス。料理人は意地の世界で生きていますから、他人の料理をそのまま盗むようなことはありません。今では料理人たちが競って料理を発表する場にもなっています。

研究会は由布院での料理の可能性をさらに深めるため、二〇〇七年二月から「風の食卓」運動を始めました。著名な料理人や料理評論家をお招きして、食の談議をする会です。二〇〇八年三月にはミシュランの三つ星に輝いた東京・銀座「すきやばし次郎」の鮨《すし》職人、小野二郎さんをお迎えしました。その際、七十人もの料理人が講習会に参加しましたが、こんな光景は由布院以外ではまずありえません。

彼らの料理への熱意に、招待された側が感動します。そして、由布院の新しいファンになって帰っていかれるのです。

カリスマ料理人

「ゆふいん料理研究会」は、より由布院らしい料理を出せないかと自問自答した一人の料理人が発足させました。旅館「草庵秋桜《こすもす》」の総料理長、新江《しんえ》憲一さんです。

福岡市出身の新江さんは、関東、関西の老舗料亭で修業した後、由布院に来ました。最初はトリュフ、フォアグラなど、世界中から高級食材を取り寄せて料理を出していたそうです。しかし、「亀の井別荘」や「玉の湯」が地元で調達した新鮮な野菜を使って料理を作っていることを知ってから、「由布院というフィルターを通して料理を仕上げたい」と思われました。

一九九八（平成十）年の発足当初の会員は七人。新江さん以外は旅館のオーナーシェフで、料理は素人。彼らは料理本を参考にしてお客に料理を出していたのです。講師役を頼まれた新江さんは、五年の間に毎週一回、仕事が終わった深夜から朝方まで無償で教え続けました。多彩な食材をテーマにして由布院らしい料理を創造、レシピ数は三千品になったそうです。

研究会はその後、各旅館の料理長や料理人が参加して、現在は百二十人。互いの腕を競い合う場へと成長しましたが、もう一つ大きな功績が、地元農家とのつながりを強めたことです。

その流れをつくったのも、新江さんです。十年ほど前に江藤雄三さんと知り合い、由布院で採れる食材を知るためにホウレン草畑に通ったそうです。それも一年半、毎朝。専門誌『現代農業』を読みあさり、自分で執筆までしたといいますから、半端じゃありませんね。

通い続けたある日、「シュンギク植えてよ」と江藤さんに頼みます。さらに、ハツカダイコン、ナス、トマト、パプリカ、クレソン、コマツナ、バジルなど、次々と注文品を増やしていきました。収穫された野菜は全部買い取る契約をして、料理研究会の料理で使いました。今では「玉の湯」も含めて約三十軒の旅館が江藤さんから旬の野菜を仕入れています。

新江さんはJR九州のリゾート列車「ゆふいんの森」号の弁当もプロデュースしています。そこに使われている野菜はすべて由布院の農家でつくられたものです。

三十年ほど前、われわれ数軒の旅館が地元農家のつくる安全な有機野菜を食材にすることを始めました。そうした地産地消の精神が、ようやく確立してきたのです。

江藤農園

先日、静岡から来た旅館関係者の人たちが驚くのですよ。「野菜がおいしいですねえ。昔ながらの味わい深い野菜のにおいがします。どうしたらこんな野菜が手に入るのですか」

「玉の湯」の食材の多くは地元農家、江藤雄三さんの江藤農園で仕入れています。料理研究家の辰巳芳子先生に師事した総料理長、山本照幸がつくる「クレソンスープ」はうちの名物。温泉地の山の水で栽培された江藤さんのクレソンはビタミン、ミネラル分が豊富です。

江藤農園は稲作とホウレン草が中心でした。しかし、「ゆふいん料理研究会」のリーダー新江憲一さんの勧めで、多彩な野菜を作って旅館相手に取引を始めました。採れたばかりの野菜を配達しますから、鮮度は抜群。今は年間に八十種類の野菜を栽培しています。

われわれも昔、旅館と農家の連携を図りましたが、成功したとはいえませんでした。農家の人は朝早くから汗水たらして働いているのに、旅館の連中は「町づくりじゃ」とか言って、夜遅くまで酒浸り。理屈ばかり垂れて、行政にも楯突く。旅館の人間を嫌っていたと思います。

しかも、盆地で日照時間が短くて農業には不利で、経営的に苦しい。江藤さんも実家の農家を継がずにサラリーマンでしたが、新江さんとの出会いで地産地消を真剣に考えるようになったのです。旅館が求める野菜は全部買い取るという契約で経営も安定。二〇〇八年に由布院温泉観光協会にも加入されましたが、農業関係では唯一のメンバーです。「農家の後継者がいなくなれば、田んぼが荒れる。由布院の田園風景が崩壊する。それを防ぎたい」。頼もしい限りです。

そうそう、数年前に江藤さんは結婚しました。お相手は宮崎県都城市出身の国子さん。農水省で補助事業の仕事をしてましたが、実際に土を耕す農業をしたくなり、農家の男性と片っ端に見合いをして出会ったそうです。最初のデートが「玉の湯」の喫茶店。コーヒーを注文したら、サービスにアイスクリームがついてきて「地元の人に大事にされている この人となら食いっぱぐれしない」と思って決めたそうです。

働き者で愉快な嫁さん。さっそく「文化・記録映画祭」のスタッフとして活躍して、すっかり由布院に溶け込んでいます。この夫婦なら農業で素晴らしい由布院ブランドを築き上げてくれるでしょう。

九州の原宿

静かな町づくりを目指してきた由布院ですが、全国的に有名になると新たな悩みの種が生まれました。旧湯布院町の人口は一万二千人。そこに年間で宿泊客が百万人、日帰り観光客が三百万人、合計四百万人もの観光客がいらっしゃいます。毎日人口と同じだけの人が狭い盆地に来られている勘定で、癒やしを求めて訪れた人の不評を買ってしまいました。

特に由布院駅から金鱗湖まで続く約八百メートルある湯の坪街道の景観が問題です。由布院観光は個人や家族連れが主流ですが、最近は団体客が増えました。土産物店など約二百二十店が軒を並べ、車の離合がやっとの狭い道で、買い物客が右往左往するありさまです。県外資本の出店も多く、由布院とは関係がないキャラクター店もあります。色や形もふぞろいな看板が林立し、「九州の原宿」とまで言われるほど俗化してしまいました。

よく「この道はなぜ混雑しているのですか。何かあるのですか」と質問されます。私はこう答えています。「金鱗湖のそばに町づくりのリーダーの中谷健太郎さんをお祀《まつ》りしている中谷神社があるのです。『亀の井別荘』の中にいますから教祖様にぜひ会ってみてください」。「あんたがいらんことというから人がぞろぞろ来てかなわん」と中谷大明神は苦笑いしてますけどね。

冗談はともかく、交通と景観問題の早急な解決は急務です。二〇〇二（平成十四）年には交通実験を行いました。郊外の駐車場からバスを使う「パーク&ライド」など、観光客が会話を楽しみながらゆったりと散策できる町を目指したのですが、残念ながらいまだに抜本的な解決法は編み出されていません。

景観問題では住民が主導して作った「湯の坪街道周辺地区の景観計画」が〇八年五月に由布市に提出されました。建物を道路から一メートル以上下げることや、建物の高さを原則八メートル以下にするなどの基準を求めています。商品の陳列や看板の高さや枚数、色彩のルールを設定。景観協定として区域内店舗との締結を目指しています。どこまで街並みが整備されるか、今後の展開に期待しています。

心安らぐ温泉保養地にしようと、静けさを求めて長年戦ってきたのが由布院の歴史です。しかし、半世紀前に突然沸き起こった「ある計画」が実現していたら、由布院そのものが地図上から消え去っていたかもしれません。

ダムに沈む危機

太平洋戦争の痛手から立ち直り、ようやく平静さを取り戻していた一九五二（昭和二十七）年、由布院盆地のダム化計画が突然持ち上がりました。盆地を貫く大分川をせき止めて、標高五五〇メートルの落差を利用した水力発電所を別府市の海岸に設置しようというものです。

計画図では中心部の湯の坪街道も、金鱗湖も、由布院駅も全部がダム湖の下に沈んでしまいます。その見返りとして、水没した土地と建物に多額な補償金を支払うというのです。標高五五七メートルの八山塚はダム湖の島として残り、そこに由布院駅を移設。湖を渡る歩道橋を設け、観光船も運航します。周囲には近代的な温泉ホテル街を再建する――というような計画でした。

水力発電所、観光再開発、膨大な補償金。地元にとって一石三鳥のおいしい構想のように思えますね。妻の喜代子は当時は中学生。「自分の生きている状況が変わることに躍り上がって喜び、ノアの箱舟などを読み直したりして、期待で胸をふくらませて待っていた」と、ある冊子に書き記しています。

当時、湯平村と合併前の由布院町は、寂れた旅館が点在する寒村。生活レベルの改善が期待できる魅力的な計画に、行政や議員、一部住民から賛成の声が上がりました。しかし、「これは町ごとの身売り計画だ！　先祖の地をダムの底に沈めるな」と反対運動が盛り上がり、町を二分する騒動となったのです。

反対運動の中心人物が、当時の青年団長、岩男頴一《ひでかず》さん。医者の家に生まれ、日大医学部を卒業後、軍医として出征。終戦後は地域医療に専念されますが、ダム問題を契機にして政治活動に目覚めます。五五年に三十六歳の若さで初代の湯布院町長。以後五期、十九年にわたって町のリーダーとして民間の私たちとタッグを組み町づくりを推進していかれます。

ダム化計画は反対運動の盛り上がりと、資金難などの理由で立ち消えとなります。由布院はその後も開発計画が持ち上がるたびに、住民間の論争が盛んになるわけですが、このダム化反対運動がその最初のものだったといえます。

由布院出身ではない私は、そのころ日田市の日田城内高校（現日田高校）を卒業して結核療養中でした。新聞でダム化計画を知る程度。もしダムに沈んでいたら、私が由布院に来ることも、旅館の主人になることもなかったでしょうね。

「朝鮮特需」

「何が原因でかダムの話は流れ、山の向こうから日がまた昇る生活が続いて、がっかりさせられた」。由布院盆地のダム化計画が白紙撤回されたことに、中学生だった妻の喜代子は失望感を抱いたそうです。それほど、由布院には刺激がなく、退屈な土地だったのです。

終戦後、由布院に隣接する日出生台《ひじゅうだい》演習場は連合軍に接収されます。大勢の米軍兵士が乗り込んできて、同時に、米兵相手の売春婦も続々とやってきました。一九五〇（昭和二十五）年に勃発《ぼっぱつ》した朝鮮戦争のときがピークで、登録された売春婦の人数は七百人に及んだそうです。

町中に点在していた旅館は売春婦の拠点となり、彼女らに群がる用心棒も現れます。金遣いの荒い米兵がドル札を尻ポケットにねじ込んで歩き回り、金目当ての日本人が「ハロー」「ハロー」と取り巻くのが日常風景。闇物資の取引が横行して、ドル換金のトラブルで殺人事件も発生しました。年ごろの娘がいる家では親類の家に引っ越すなど、物騒な時代でした。

「亀の井別荘」の長男として生まれた中谷健太郎さんによると、全六部屋のうち三部屋が「夜の蝶《ちょう》」の専用部屋。格式が高い旅館でしたから、客は米軍の将校クラス。「私は〝オンリーさん〟と呼ばれた将校専用の高級売春婦の部屋賃で、大分市内の中学校に通わせてもらった」と振り返っています。

朝鮮戦争の特需で、日本中の企業が工場などに設備投資した時代です。別府や熱海などの温泉地では、好景気に沸く職場の団体客を相手に、宿泊施設を新築。ネオン街が大繁盛していきます。一方、由布院は米軍相手に日銭が稼げたので、設備投資は手付かずのままでした。

しかし、朝鮮戦争が終了すると、米兵も売春婦も町からいなくなり収入は激減。「完全武装」を整えたよその温泉地にかなうわけがありません。由布院は寒村のまま取り残されてしまったのです。そんなどん底状態から脱出しようとの思いで、町ごと身売りのダム化計画が浮上したのです。

もし由布院盆地にダムが完成していたらどうなっていたでしょう。別府市の海岸に大水力発電所を建設して、その電力で化学肥料工場などを誘致する計画でした。肥料工場といえば、お隣の熊本県の水俣病を思い出します。ひょっとしたら大分県も公害で苦しんでいたかもしれません。

隠れキリシタンの里

由布院盆地の山陰にひっそりと眠る約四百五十基の隠れキリシタンの墓地。今は何も語らない十字の墓碑を眺めるたびに、私は由布院の人々の進取の精神を感じずにはいられません。

古代から太宰府と豊後国府を結ぶ街道筋だった由布院。一躍脚光を浴びたのが、戦国時代です。一五八一年のイエズス会（耶蘇会《やそかい》）の宣教師の報告書によると、村人八千人の四分の一にもあたる二千人が洗礼を受けたとあります。宣教師ルイス・フロイスが書き記した『日本史』にも「由布の地に聖ミゲル教会が建設され、そこを基点としてデウスの教えが広まった」と、キリシタンの拠点の一つとなっていたことが分かります。

由布岳の頂上に十字架が建てられたといういい伝えもあります。朝霧に覆われた幻想的な由布院盆地に、教会の鐘が響き渡り、祈りの声が天にこだましていたのです。ヨーロッパには聖水を求めての巡礼の旅があるように、由布院の温泉とキリスト教が絶妙に結びつき、救いを求めた人たちがこの地に集まってきたのではないでしょうか。

キリシタンへの弾圧で、以降の記録は何一つ残っていません。隠れキリシタンとなった信仰者たちの生きざまは、苔《こけ》むした墓碑となってわれわれに無言の証言をしているだけです。

しかし、一度完全に途絶えたはずのキリシタンの息吹が、由布院で再びよみがえることになります。由布岳から流れ出す清流で自生するクレソンのことを、ここでは「耶蘇芹《やそぜり》」と呼んでいます。江戸時代にオランダ人がもたらしたとも、明治時代に外国人宣教師が軽井沢周辺から持ってきて植えたとも言われますが、村人にとってキリシタンへの記憶はずっと残っていたことがうかがえるのです。

昭和の初期には旧制の第五高等学校（熊本）や、第七高等学校（鹿児島）の外国人教師らに避暑地として由布院が注目されます。森林の中には、木造平屋の貸別荘が建てられ、谷川沿いにはベビーゴルフ場も作られます。アカデミックな外国人の保養地として人気が出るのです。太平洋戦争により、その流れは衰退してしまうのですが、現在の生活型観光地としての土台が築き上げられていたのです。

今でも新しいものにしぶとく挑戦していく由布院の姿は、厳しい弾圧の中でも生き抜いてきた、隠れキリシタンたちの遺伝子が影響しているような気がします。

「奥別府」築いた男

由布院を保養温泉地として最初に目をつけた人物が、「別府温泉観光の父」と言われた

ダム計画で水没する危機に直面した由布院盆地

日本初の女性バスガイドによる定期観光バスを別府で運行させた油屋熊八さん（中央）

油屋熊八さんです。油屋さんは一九一一（明治四十四）年に大分県別府市で「亀の井旅館」を創業。地獄巡り案内に日本初の女性バスガイドの観光バスを運行させます。また、自らを「別府の外務大臣」と称して、富士山頂に「山は富士　海は瀬戸内　湯は別府」のキャッチフレーズの看板を建てて全国に別府温泉を宣伝したり、温泉マーク「♨」も考案したとされるアイデアマンです。

六四（昭和三十九）年に別府〜由布院〜阿蘇を結ぶ「やまなみハイウェイ」が開通しますが、最初に構想を打ち出したのが油屋さんです。その際に、豊富な温泉と美しい由布岳の景色に魅了された油屋さんは、この地を「奥別府」と呼び、二一（大正十）年に金鱗湖《きんりんこ》のほとりに山荘風の別荘「亀楽荘」をつくって国内外の要人を次々と招いたのです。

それが、今の「亀の井別荘」。著名人を招待するわけですから、油屋さんは芸術顧問として親しくしていた中谷巳次郎《みじろう》さんに別荘の管理を任せます。巳次郎さんは北陸は金沢市の大庄屋に生まれましたが、書画、骨董《こっとう》、美術などの道楽が過ぎて破産。夜逃げ同然で別府に逃れてきて、そこで油屋さんと知り合います。商才はないのですが、そこは根っからの風流人。田舎だった由布院にお茶や器、食にもこだわるという文化を持ち込んだのです。

この巳次郎さんこそが、現三代目当主の中谷健太郎さんの祖父です。「私が二十八歳で東京から由布院に戻ってきたころ、かなり生意気でした。しかし、周囲からは『あんたのじいさまにはよくしてもろうた』『先生に庭木の植え方を教えてもろうた』と大目にみてもらいました」と振り返っています。

企画力抜群の油屋さんと、浮世離れの茶人、巳次郎さんの絶妙なタッグでもてなしをする「亀の井別荘」のうわさは、たちまち日本中に広まりました。別府に滞在中の珍客が、静かな由布院に案内され、自慢の精進料理に感嘆の声を上げたのです。

文化人では、与謝野鉄幹・晶子、北原白秋、田山花袋、高浜虚子、武者小路実篤。政治家では、犬養毅、若槻礼次郎、重光葵、李鴻章……。現在、「九州の迎賓館」と呼ばれる原型が、このときできたのです。

自衛隊を誘致

由布院にお越しの際に、迷彩を施した軍用車両を何台も見かけられると思います。日出生台演習場に近い由布院には、陸上自衛隊の駐屯地があるからです。観光地と自衛隊。相反する関係に見えますが、由布院が観光地として再生される土台を築いたのが、自衛隊だったのです。

由布院ダム化計画は一九五三（昭和二十八）年に消滅します。もともと、この問題は由布院が温泉地として人気がなく、産業もない貧しい町だったから出てきた話。この騒動の後には「企業誘致話」が急浮上します。朝鮮戦争終了後、撤収した米軍に代わって、五四年に発足したばかりの自衛隊を誘致しようというのです。

最初は隣町の玖珠《くす》町が有力候補地でした。しかし、ダム問題では反対運動の先頭に立った青年団団長の岩男頴一さんが、今度は誘致運動を大展開します。「規律正しい自衛隊の気風で退廃した由布院のイメージを一新しよう」と訴えて国会議員や防衛庁への陳情を重ねた結果、誘致に成功したのです。

五五年に由布院町と湯平村が合併して湯布院町になりますが、岩男さんが初代町長に当選。三十六歳の青年町長はずばぬけた行動力を見せます。駐屯地用の土地を高い価格で売却。郵便局と農協しかなかった町に大分県信用組合、別府信用金庫（現大分みらい信用金庫）、大分銀行を誘致してきます。さらに、米軍の実弾演習で土砂、河川災害を被ったと訴えて、十数億円もの破格の補償工事金を国から引き出したのです。

駐屯地は雨が降るとびちゃびちゃになる泥地でしたが、改修工事で生まれ変わりました。井戸水を手押しポンプでくみ上げる生活も、簡易水道がひかれ、道路も舗装。由布院のインフラが飛躍的に整備されたのです。

駐屯による補助金は、現在でも毎年六千万円以上あり、米軍との演習がある際にはさらに一億円程度が地元に支払われます。隊員と家族の合計二千三百人が暮らし、経済効果も大。確かに、日米合同訓練の際には激しい反対運動が起こりますが、普段は地域住民と共存共栄しているのが現実です。自然災害時には何度も出動していただき、住民にとって心強い存在です。

自衛隊がなかったら由布院は観光で再生する前に、田舎のまま取り残されていたかもしれません。でも、だからといって基地の町にはならなかった。そこが、由布院のしたたかさです。

二の章　生い立ち

生物部の仲間たちと。米谷先生（前列右から２人目）、宇野さん（前列右端）、私（後列右から３人目）

七カ月子で誕生

由布院でまちづくりをしてきましたが、生まれは由布院ではありません。由布院盆地から だと、大分川と玖珠《くす》川の分水嶺《れい》となる水分峠を越えて約十五キロ西側、大分県玖珠郡野上村（現九重町）で一九三三（昭和八）年九月十四日に生まれました。

父は梅木徳宝《よしとみ》、母はリカ。だから、旧姓は梅木です。溝口姓を名乗るのはずっと後のこと。既に亡くなっていた「玉の湯」の先代・岳人《たけと》の妻シゲヨが亡くなる直前の七七年からです。私の妻喜代子は溝口家の養女ですから、今の溝口家は取り子、取り婿ということになります。

当時では珍しく、母が四つ年上の姉さん女房。父は近くの南山田村（現九重町）の出身で、獣医師をやりながら大分県の畜産課の職員として野上村で勤めていました。母方の宇佐家は、たばこや塩などを販売。屋敷が広かったため、父は養子のような形で所帯は別ですが母親の弟家族と同じ敷地で暮らしてました。

四つ上に姉の徳子《のりこ》がいたのですが、病気で一歳にならないうちに亡くなりました。その後に私が生まれたのですが、七カ月子での誕生。当時、未熟児はほとんど育っていないのですよ。取り上げた助産師さんが、湯たんぽを交互に入れ替えて体を温めるなどして必死に育ててくれたそうです。青年になって田舎に帰ると、お年寄りから「あなたよく生きることができましたね」と驚かれるほどでした。

そうした生い立ちですから、ずっと虚弱体質。幼年期には海が見える土地で育てた方がいいということで、大分県中津市で暮らしたそうですが記憶はありません。母も病弱で私を育てるのは大変だったと思います。

それでも、豊かな自然の中ですくすくと育ちました。野上村の家の真っ正面には草原台地の青野山《あおやさん》（八五〇・五メートル）。はるか南には九重の山並みが広がります。自転車で田舎道を探検したり、神社の社務所でピンポンをして遊んだ記憶があります。

父はかっぷくがよくて、健康でした。性格も優しかったのですが、こんな記憶がありますす。四つか五つのときでした。父が丹精込めて育てた満開前のチューリップの花を、はさみで全部ちょん切ってしまったのですよ。そのときはこっぴどくしかられましたね。

小学校は地元の野上尋常小。しかし一年の一学期だけ通った後、転校します。時代は日中戦争が泥沼化していたころ。父が陸軍に召集されたのです。

戦時中の体験

父の徳宝の召集先は熊本市に部隊があった陸軍第六師団でした。父と母のリカと三人で大分県玖珠郡野上村から、熊本市へ引っ越して、一年の二学期から大江尋常小学校へ通いました。

野上村では山や畑道を駆け回っていたのに、新しい生活は熊本市の中心部。市電が近くを走り、児童数も千人を超えるマンモス校でした。転校したての時には、田舎丸出しの玖珠弁でしたし、七カ月子で生まれて体も小さかったから「赤ちゃん」のあだ名でからかわれました。

獣医師だった父は獣医部に所属して、陸軍中尉。毎朝、部下が自宅に馬で迎えに来ていました。私もよく馬には乗せてもらいました。後に辻馬車を由布院に走らせ私自身も御者をしたことがありますが、子供のころの体験が生きたわけです。

運動は苦手な方でした。かけっこはそんなに遅くはなかったのですが、母親が心配して大変。運動会で近所の人から「薫平君が走っているのをハラハラして見ているお母さんの姿を見ている方がおもしろい」と、よく冷やかされたものです。

日中戦争はますます拡大していき、ついに一九四一（昭和十六）年には太平洋戦争が勃発。当時、小学三年生でした。学校名も大江国民学校初等科に変わりました。授業にも軍事教練が加わり、男子は木刀、女子はなぎなたを持たされて、体と精神面を鍛えることになりました。

校庭に大きなエノキが植わってましたが、その木の周りを随分と行進させられました。胸を張って、腰をすえて、手をしっかり振って、かかとを踏み付けてさっそうと歩く「正常歩」という行進です。後から知ったことですが、その美しい姿は行進のお手本だということで表彰されています。映画にも撮影されて「日本一の行進」として全国にも紹介されたそうです。

四三年に父が中国戦線に出征します。食料も乏しくなり学校でイモ畑を耕したりもしました。終戦の年の四五年になると、しばしば米軍の艦載機が熊本市上空に来襲して、機銃掃射をしていきます。悲しいことに級友も何人かが犠牲になりました。毎日、空襲におびえる日々です。敵機の目印となる大きな建物の学校ではまともな授業もできません。町内に分散して授業を受けた記憶があります。

そして、あの夏の夜を迎えました。不気味な空襲警報のサイレンの音で跳び起きました。

熊本大空襲

一九四五（昭和二十）年七月一日の深夜でした。空襲警報のサイレンが鳴り響き、B29爆撃機の大編隊のごう音。周囲は投下された照明弾で昼間のような明るさでした。焼夷《しょうい》弾が火の雨のように降り注いできました。防空ずきんをかぶって自宅庭の小さな防空壕《ごう》に母と逃げ込みましたが、周囲はすぐに火の海。「逃げるよ」と叫ぶ母親と防空壕から脱出しました。熊本中学校の石塀沿いに爆風を避けながら必死に走りました。

焼夷弾の破片がブスリブスリと塀に突き刺さる音。ダダダダダッと地面に跳ねる機銃掃射の音。はぐれた家族の名を呼び続ける悲鳴。紅蓮《ぐれん》の炎が天を覆い、焼け焦げたにおい。道路には焼死体がたくさん転がっていました。生きた心地がしませんでしたが、普段はひ弱な母が懸命に私を守ってくれる姿に、母親の強さを感じました。

一晩明けたら熊本市内は焼け野原。市内の三分の一が焼失し、四百六十九人が死亡、約四万三千人が被災したとされます。知人も何人も亡くなりました。家も全焼でした。傷心の思いで、母と二人で父の部下だった人が住んでいた熊本県菊池郡隈府《わいふ》（現菊池市）まで歩いていってしばらく身を寄せました。その後、汽車を乗り継ぎ、母の実家の大分県玖珠郡野上村（現九重町）に帰省しました。

八月十五日。小学六年の夏でした。玉音放送は神社にあった防空壕前で聞きました。終戦の知らせにも「助かった。平和が来る」というような安心感はありませんでした。むしろ「米兵が攻めてくる。女や子供は襲われる」という恐ろしいうわさが飛び交いました。家財道具を慌てて荷造りしてみそ小屋の中に隠した覚えがあります。それほど「鬼畜米英」のイメージを頭に刷り込まれていたわけです。

戦争によって、私の小学生時代の思い出は中途半端なものになっています。熊本大空襲によって、散り散りになって大江国民学校を途中転校したために、その後の友人の消息は完全に途絶えてしまいました。転校先の野上国民学校も、翌年春にはすぐに卒業です。だから、竹馬の友ともいえる小学校時代の友人は、私にはほとんどいません。

家族の写真も空襲によって焼失してしまい、昔話を語る友人もあまりいないので私の戦争中の記憶も断片的なものになっています。今考えると、恐ろしい時代を本当によく生き残れたと思います。

父と一緒に初登山

熊本大空襲を体験して終戦を迎えた私ですが、この物語の舞台・旧湯布院町も戦争の被害を受けています。『町誌　湯布院』によると、日中戦争と太平洋戦争に召集されて戦死した人が、三百九十八人。終戦の十一日前の一九四五（昭和二十）年八月四日には、米軍戦闘機一機が北由布駅（現由布院駅）を機銃掃射、ガソリンなどが炎上して二人が死亡したという記録が残っています。なんの産業もなく、田園だけが広がる山村にまで戦火は及んでいたのです。

年が明けて世の中が落ち着き始めた春、旧制日田中学（現日田高校）を受験しました。母校の野上国民学校から九人が受験して三人が合格。そのうちの一人が、私の親類で登山仲間の梅木秀徳さんです。梅木さんは九州大学から地元の大分合同新聞社に入社して論説委員長にまでなられた方で、大分県の山、自然、風土や歴史などの著作も数多く出されました。

現臨済宗相国寺《しょうこくじ》派管長で、相国寺、金閣寺、銀閣寺の住職を兼ね、京都の景観問題にも取り組んでおられる有馬頼底《らいてい》さんも旧制中学時代の同級生。小野治嗣《はるつぐ》さん（元九州電力常務）、長《ちょう》芳弘さん（元日新火災海上保険常務）とも級友でした。

中学二年のときに父・徳宝が中国から復員してきました。大分県庁に復職して農業改良普及員の仕事に就きます。戦後の食料難の時代でしたが、食べることに不自由した思い出はありません。父が獣医師で、家畜の診断や繁殖方法の相談などを担当していましたから、農家とのつきあいが深かったからです。薬代の代わりに米や野菜などの農産物をたくさんいただいて帰ってきていたのですね。

父に連れられて初めて山に登ったのが、中学二年の時です。星生山《ほっしょうざん》（一七六二メートル）に行きました。なだらかな草斜面に、溶岩の塊。中腹から勢いよく噴煙を上げる硫黄山。頂上からは南に九重連峰のシンボル・久住山（一七八六・五メートル）、北には堂々とした三俣山（一七四四・七メートル）……。

そのときに見た美しいパノラマが忘れられず、山に取りつかれてしまいます。しかも、野上村は九重連峰への登山口。十三曲、九酔渓、飯田高原、長者原の登山道を歩き回り、自然の美しさの魅力に引き込まれていくのは、当然の成り行きでした。そして、山で出会った人々が私のその後の人生に大きな影響を与えることになっていくのです。

生物部に入部

戦後、いろんな制度が改革されて名称も変わりますが、学制改革もその一つ。一九四八（昭和二十三）年に旧制の日田中学と日田高等女学校が統合して日田第一高校（現日田高校）になります。移行期間に重なった私たちは、暫定的に日田第一高校に併設された中学三年に組み込まれ、翌年に日田第一高校に編入されました。

中学時代は体が小さく身軽でしたから、体操部に入りました。選手にはなれませんでしたが、県大会にも出場する強い部でした。ところが、中学三年のときに肋膜炎《ろくまく》になり学校も休みがちになります。この病がその後、私の青春時代に大きく影を落とす大病になるとは、そのときには思いもしませんでした。

日田第一高に進学後、生物部に入部します。そこで顧問だった米谷一《はじめ》先生を通して、生物、登山、文化関係の著名な方々と親しくさせていただきました。チョウ類研究家だった長《ちょう》金治さんの自宅を訪れては昆虫標本をむさぼるように見たものです。

長さんらに連れられて九州大学の昆虫学教室にも出入りしていました。当時の九大昆虫学教室は、日本昆虫学の草分けと言われた江崎悌三教授、安松京三《けいぞう》博士、平嶋義宏博士が率いておられた黄金時代。チョウ研究家として世界的に有名になられる白水隆《しろうず》博士ともよく採集会で山に同行させてもらいました。

生物部を通して自然に対する関心が強まりました。これが後に由布院の町づくりを考える上での原点になります。また、高校生の分際ながら著名な方と接する機会を得て、一流の人の哲学や生き方を教えてもらいました。これも由布院ブランドをつくり上げていくときや、旅館の主人として接客する際の大きな財産になったと言えます。

病がちでしたが、マイペースで昆虫を追いました。捕虫網、毒壺《つぼ》、三角缶などの採集グッズが必需品です。一年先輩が大垣健吉さん（元九州学院高教諭）。その後、部長の私と副部長の石松達堂さん（元日田市立博物館協議会副委員長・故人）が部を引っ張り、二年後輩に宇野郁夫さん（現日本生命相談役）と「ムツゴロウさん」の畑正憲さんがいました。先日、宇野さんに当時の写真をお見せすると「青い山脈の時代ですね」と懐かしがられました。生物部に入った理由ですか？　宇野さんに言わせれば「美人の部員が多かったですねえ」ということです。

受験を断念

中学三年の時に患った肋膜炎はさらに悪化していきます。体がだるくなり、体育の授業中は教室に居残り窓の外から眺めるだけ。長いこと机に座っていることさえ辛《つら》くなりました。

高校三年のときに受けたエックス線検査で肺結核だということが判明します。さあ、これから大学受験という矢先の出来事。あのころの結核は特効薬のストレプトマイシンがまだ日本にほとんど普及しておらず、「亡国病」と恐れられていた時代。ただ安静にするだけで、入退院を繰り返す私はとても受験勉強どころではありません。

姉は生まれてすぐに亡くなっていますから、私は一人息子。親類には大学進学を勧める人もいましたが、「無理はせずに体を大事にして生きていればいいじゃないか」との両親の言葉で受験を断念しました。大学に入ってもまともに通学できるかも分かりませんでしたからね。

夢はありました。チョウが好きでしたから、九州大学の昆虫学教室で活躍されている白水隆先生のような昆虫学者にあこがれていました。だから、有名な教授がいた東京農工大か宮崎大農学部が志望校でした。日本大学獣医学部に行き、父と同じように獣医師になることも選択肢の一つでしたが、病のためにすべてをあきらめたのです。

それでも、悲観はしませんでした。大学に行けなかったけれど、その分は大学に行った友人から話を聞いて吸収してやろうと前向きに考えたのです。東京や福岡の大学に行った友人が夏休みや正月に帰省した際には、彼らから大学生活の情報をむさぼるように収集しました。「大学の授業ってどんなんだ?」「映画館はどんなか?　スポーツ観戦は?」「都会の生活って素晴らしいんか?」

うらやましかったですよ。でも、そのときに自分の今後の生き方を学んだ。療養中には自分の将来のことばかり考えてました。「私の特技は何だろう」。自問自答して得た結論が、病弱で力がないのだから、能力のある人と組めばいいのではないかということです。

そのためには、私がいろんな情報を収集して発信しなければいけません。能力のある人を引きつけるには、質の高い情報が必要です。一流の人と会い、質の高いものを見て、いろんなことを体験して磨き上げること。病院のベッドの中で将来の生き方を真剣に考えていました。

右肺を切除

入学したときには日田第一高校だった名称は、一九五二（昭和二十七）年三月に卒業した際には日田城内高校（現日田高校）と校名が変わっていました。しかし、肺結核で大学受験を断念した私の容体だけは一向に変化せず、入退院を繰り返すつらい日々だけが過ぎていきました。

卒業後、大分県玖珠町の高田病院で人工気胸術を受けました。胸腔《きょうくう》内に空気を注入して肺の活動を抑制する虚脱療法といわれるもので、当時では主流の治療法です。肺を安静化させて自然治癒を待つわけです。しばらくすると、全身麻酔の技術が高まったということで、手術を勧められます。

五五年二月。手術日は大雪でした。別府市の国立別府病院（現別府医療センター）の十二病棟が結核病棟。詩人の長谷目源太さんも入院なさってました。そのまま亡くなられる患者もいましたから、死も覚悟しました。友人から「おい、帰ってこいよ」と送り出されて、まるで戦争に行くような気持ちでした。

手術では肋骨《ろっこつ》三本を取って、右肺の上葉を切除しました。私は小柄で骨組みも小さいから、手術後は体形が崩れました。背骨が曲がり、右肩が極端に上に上がってしまったのです。真っすぐにしているつもりでも右肩上がりの傾いた姿勢。みんなから「七・三の構え」って冷やかされました。だから、今でも私のスーツ類は左肩にたくさんパッドが入った特製のものを仕立てています。

手術を受けたのが二十一歳。退院するまでに一年ほどかかり、その後も長い療養生活を余儀なくされました。そのころになって、ようやく結核の特効薬・ストレプトマイシンによる化学療法も普及し始めますが、値段がとても高かった。母親のリカも骨髄炎になってしまい、長いこと入院生活を送っていました。父は大分県庁の公務員でしたから、妻と子の入院治療費は大変だったと思います。持ち山などの財産を処分して、どうにか私たちの医療費を工面してくれたのです。

七カ月子として誕生して、虚弱体質で病気がちだった少年時代。小学六年生のときに体験した恐怖の熊本大空襲。肋膜炎から結核になり大半を入退院に費やした青春時代。まさに、苦難の連続でした。

しかし、それを乗り越えて今があります。生命力の強さに自分でも感心します。

人脈を広げる

結核で肺を切除して二、三年が経過したころ、徐々に体力も回復していき再び山登りを再開できるまでになりました。
「九州山岳界の主」と尊敬された加藤数功《かずなり》さんには、高校時代から山登りの技術を教えていただくなど、お世話になりました。私たちがスウコウさんと親しみを込めて呼んだ偉大な山男は、昭和初期に九州山岳連盟の結成に尽力。九州登山界と自然保護運動の指導者として活躍されます。一九五七（昭和三十二）年には、屋久島の山岳写真や植物写真などの資料集を昭和天皇に献上されるということで、私も屋久島に同行してお手伝いさせていただきました。

スウコウさんはただの山男ではなかった。登山の途中に農家に上がり込んで土地の風俗や習慣、伝説などを聞いて回られるのです。愉快な民謡、民話を聞かれる際、ひざをたたいて喜ばれる姿が忘れられません。「山で生活する人は自然の大切さが分かっている。われわれ登山人も自然を愛して、守る人でなければならない」。この教えは私たちが後に由布院の自然保護を訴えていくときのバックボーンとなっていきます。

立石敏雄さんは福岡市の大濠高校の生物の先生。植物が専門ですが、民俗学にも通じておられ、九州の登山、民俗関係の本も多数あります。立石さんの自然保護への深い愛情と、謙虚な人間性にひかれたものです。「九重の自然を守る会」の初代理事長の赤峰武さん、現会長の嶋田裕雄さん、岩本貢さんとも山仲間として親交を深めました。

日田市の関係では、文化財調査委員長だった草野忠右衛門さん、郷土史家の中島市三郎さん、文化協会長の空閑《くが》重行さん、民芸運動の寺川泰郎さん。井上家教育振興会理事長の井上正之さん、二郎さん親子、日田市人材育英会理事長の長直《ちょうすなお》さん、功《いさお》さん親子など、多方面で活躍しておられた人々との交流を深めていきました。

もし、私が大学に進学して普通に就職していたら、こうした人々と親しくできる機会はまずなかったでしょう。結核手術後の療養中でしたから、時間があり一流の人の物の考え方を教わることができたのです。何よりも人脈が広がった。由布院観光は「人脈観光」と言われますが、このときの交流がその後の活動に役に立つことになります。

こうした先輩たちの推薦をいただき、私もようやく仕事に就くことができました。

博物館の研究員に

当時の日田市は自然文化活動が盛んで、その流れで「日田に博物館を」という運動が始まりました。中心メンバーは、日田生物同好会会長の長金治さんや刎《はね》国美さん、米谷一さん、小野孝さん、石松達堂さんらで、やがて、日田博物同好会という市民グループが結成されます。

きっかけは、一九五三（昭和二十八）年に九州博物研究会会長だった原田万吉さんの遺族が、約一万点の動植物の標本類を大分県に譲渡されたことによります。原田さんは「日本植物学の父」といわれる牧野富太郎博士と並ぶ権威者。世界各地を歩いて希少な植物、昆虫、魚類、貝類、カニ類、鉱物、化石などを収集し、その「原田コレクション」を中心にした標本類を日田市の旧林業試験場で展示していました。

しかし、保管面などに問題があり、より充実した施設をつくろうと願う市民グループが博物館の建設運動を展開します。戦後の厳しい財政事情で予算のメドがなかなか立ちませんでしたが、井上家教育振興会の井上正之会長がポンと総工費三百二十万円の八割に当たる二百五十万円を寄贈。大分県初の博物館が日田市三本松に建設されることが決まったのです。

興奮しました。原田さんが採集した世界的な珍樹も移植されて、それらを中心に遊歩道をつくり、ゆっくり散策しながら自然が勉強できる「大原森林公園」の構想もあったからです。結局、この計画は実現しませんでしたが、日田市が九州の自然文化の中心となり、多くの愛好者が交流できる場になると私の心はときめきました。

もちろん、日本昆虫学会員と日本鱗翅《りんし》学会員だった私もこの博物館設立運動に積極的にかかわっていきました。この運動を繰り広げた多くは、私の日田高校生物部時代からの恩師や先輩たち。そして、結核療養中に深く関係を結んでいった日田市の文化関係の人々でした。そうした方々の後押しがあり、私が新しくできる博物館の研究員として採用されたのです。

六〇年九月のことでした。最初は日田市役所の嘱託採用だったと思います。高校を卒業して、既に八年半が過ぎていました。定職にも就かずに、山に登って昆虫ばかりを追いかけていた生活は終わりました。しかし、博物館での仕事もいわば趣味の延長のようなもの。九州の自然文化の研究に携わる喜びでいっぱいでした。

展示方法に工夫

日田市立博物館の開館準備は突貫作業でした。一九六〇（昭和三十五）年の十二月一日が開館予定日。私に与えられた時間はわずかに三カ月でした。

原田万吉さんが生涯かけて残した標本は約一万点。ただ、保存状態が悪く標本箱や陳列棚が老朽化していました。また、原田さんは植物の大家なので、昆虫類は専門外。約千点の昆虫類資料には、正式な標本として作られずに変色しているものも多く、整理作業に追われました。

日本昆虫学会の会員ですから、展示方法にはこだわりました。まず国外、国内産に分けて、科、属、種、亜種と小さく分類。さらにチョウでも平地にいるものと高い山にいるものに仕分けしたり、日本特有なものや、天然記念物ものにと選別。図鑑を見比べる大変な作業でしたが、子どもが見ても分かるように、しかも学問的にも系統正しく整理できるようにと心掛けて展示方法に工夫を凝らしました。

専門外の植物、魚、貝、鉱物などの分野では、私がこれまで培ってきた登山仲間の人脈が役に立ちました。動物の生態では小野勇一さん（元北九州市立いのちのたび博物館館長・現名誉館員）、鉱物関係では九州大学の松本徰夫さん（山口大学名誉教授・故人）らに手伝ってもらいました。松本さんは七八年のＮＨＫ紅白歌合戦で芹洋子さんが歌った「坊がつる讃歌」を学生時代につくったことでも有名な方です。

もっとも、この歌は広島高等師範学校（現広島大学）山岳部の部歌が元歌です。それを、九州大学学術探検研究会に所属していた松本さんと、私の日田高校時代の一年先輩の草野一人さん、幼なじみの梅木秀徳さんの三人が、九重登山の拠点「あせび小屋」で小屋番をしている際に、歌詞の一部を九重の山々に置きかえた「替え歌」。それが、瞬く間に全国の山仲間に歌われるようになり、流行歌になったのです。

原田さんの標本に加え、日田生物同好会会長の長金治さんらの標本類も提供していただき博物館がオープンしました。見学者が来てくれるかどうか心配でしたが、当時は珍しかったワニのはく製が子どもに大人気。半年間で一万五千人も詰め掛けて、地方博物館としては大盛況でした。博物館専従の職員は私を含めて二人だけでしたから、案内に陳列、指導、そして清掃にと毎日が目が回るような忙しさでした。現在の来館者が年間二千人しかいないと聞いて、寂しい限りです。

夢を持てる場所を

標本資料を陳列するだけの博物館だけにはしたくない。完成した日田市立博物館に私は大きな夢を抱いて奔走しました。

自然観察や生態系の仕組みなどを博物館の中に構築し、子どもたちが自由に学習できる場所をつくりたい。山道を歩き自然に触れ、科学する目を育てたい。私が少年時代に湿原や草原で昆虫や植物と出合ったときの感動を子どもたちにも伝えたい。子どもたちが夢を持てる場所をつくりたいという思いでした。

夏休みの博物館行事として「植物・昆虫採集会」を企画しました。場所も日田市内はもちろん、汽車や貸し切りバスで隣町の天瀬町や津江地区（いずれも現日田市）まで遠征。子どもたちと野原を歩き回り、採集技術や標本の作成方法を指導しました。夏休みの終了間際には、採集品の名前を調べる「同定会」を開催しましたが、宿題に追われる子どもたちで朝からいつも超満員でしたね。二学期に入ると、各学校で優秀作品に輝いた力作を「夏休み生徒作品展」として博物館で披露しました。

その当時の子どもだった人に、今でも声を掛けられます。「小学生のときにワニのはく製があった博物館によく行きました。動植物のいろんなことを教えてもらえるから、いつもわくわくしていた記憶があります」。今はお母さんになっておられる方が懐かしがられる顔を見ると、うれしいですね。

私も昆虫採集で学会誌に載る発見をしたことがあります。チョウの収集家で初代博物館協議会委員長だった長金治さんらと採集に行ったときです。日没前にカシワの木を揺すると、数匹のチョウが樹間に舞いました。夕日に羽がキラッと輝き、夢中で物干しざおのように長い捕虫網で採集しました。

長さんから「貴重なものですよ」とたたえられました。雄は金青緑色、雌も黒褐色地に白色の紋が可憐《かれん》な姿。図鑑でだいたい見当がついたのですが、九州大学の昆虫学の権威者・白水隆博士に標本を送って同定してもらった結果、やはりハヤシミドリシジミ。北海道を中心に本州での発見例があったのですが、当時は九州で初発見ということで、長さんとともに学会誌に報告されました。

昆虫を追いかけて自然の素晴らしさを実感できる瞬間は、素晴らしいものです。そんな興奮が味わえる博物館にしたかったのです。

昆虫巡査

昆虫採集の話の続きですが、友人にユニークな「虫屋」がいます。大分県警の日田署上津江駐在所に勤務していた佐々木茂美巡査部長です。佐々木さんの専門はカミキリムシやテントウムシなどの甲虫類ですが、集めた昆虫標本は二千五百種以上、五万点！　犯人を検挙した数より虫を捕まえた数の方が圧倒的に多いお巡りさんです。

佐々木さんが一躍全国で有名になった事件があります。一九八一（昭和五十六）年、大分県内の山中で白骨死体が発見されましたが、身元が分からない。手掛かりは死体の着衣のポケットにあった無数の昆虫の死骸《しがい》だけ。シデムシ、エンマムシ、カツオブシムシとハエのサナギの抜け殻……。上司が、わらをもすがる思いで巡査だった佐々木さんに助けを求めました。すると、「死亡は去年。春先の三月か四月」と、たちまち死亡推定時期を割り出したのです。

その当時、行方不明となった男性の特徴と一致し、難事件はスピード解決しました。死体を食う虫の季節ごとの種類とハエの羽化状況で判断されたのですね。

この話を基に推理小説家の平野肇さんが「昆虫巡査」としてシリーズ化。テレビドラマにもなりました。さらに、大分医科大（現大分大医学部）の教授から「君はそれを専門にやったら法医学博士の学位が取れるよ」と勧められたそうです。

その時です。佐々木さんから「警察を辞めて昆虫学者になりたい」と相談を受けました。反対しました。「友人に昆虫学者がいますが食えるのは一部だけ。昆虫は趣味の世界に止めていた方がいいのではないですか」とアドバイスしたのです。

由布岳をこよなく愛した溝口岳人

博物館開館前に標本を整理する私

先日、佐々木さんから「溝口さんの言う通りアマチュアで自由気ままにやってきて本当によかった」と感謝されました。同期には警察署長になった人もいますが、出世競争に背を向けて好きな趣味に生きてこられた。そのおかげで、筑紫哲也さんやC・W・ニコルさんなど文化人との人脈も広げられ、日田市の市民大学「自由の森大学」でアドバイザーとしても活躍されました。昆虫を題材にしたエッセー集などの著作も多く、大分県警で一番有名な警察官になられたのですから。

佐々木さんは二〇一〇年に退官されますが、自らの標本を日田市立博物館に預けておられます。現在は標本の管理保存態勢も整っていない博物館ですが、佐々木さんに運営してもらえれば安心なのですが……。

由布山の守り主

「玉の湯」のことを話しましょう。先代は溝口岳人といいまして、大分県北由布村岳本の庄屋の長男。祖父で金鱗湖の名付け主でもある儒学者・毛利空桑《くうそう》に「岳人」と命名された影響からか、由布岳を「由布山」と親しみを込めて呼び、終生こよなく愛します。戦前には外国人用の貸別荘を建てて、本人もハイカラな登山姿で何百回も由布岳を散策。地質、植物、気象、生物、歴史と由布岳に関するすべてのものを頭に入れていました。

登山道をつけて、道しるべを書き、山小屋を建てて、自然保護を唱える姿は、まさに由布岳を守るナイト（騎士）。山を汚したり、むやみに木を切ったり、植物を盗んだりする人を見つけると烈火のごとく怒鳴っていました。「山がわからん者は山に登るな！」

子どもがいなかった岳人は養女をもらいました。福岡県浮羽町（現うきは市）の臨済宗妙心寺派の大生寺住職、芝原行戒と寿子《じゅうこ》の長女。名前は喜代子。一九三七（昭和十二）年生まれです。禅寺には女は入れないしきたりもあって、既に還暦が近かった養父の岳人と養母のシゲヨに育てられます。

戦後の農地改革で溝口家は大半の土地を失います。残ったのが今の「玉の湯」の土地。ここはかつて「玉壺泉《ぎょくこうせん》」と呼ばれ、いたるところに温泉がわく土地ですから稲作には不向き。農家の人からも敬遠された地だったのです。地主としての収入はなくなった岳人は、持ち山を売ったりしながら生活していたそうです。

そんな境遇を見かねたのでしょう。五三年に喜代子の実父が娘のためにと禅寺の保養施設として建てたのが、「玉の湯」です。当時は七部屋。岳人は死ぬまでたばこの値段を知らなかったほど浮世離れした人なので、商売人としての才覚はありません。だから、宮崎県都城市の料亭「都」の娘だったシゲヨと、その弟で日本料理「四条流《しじょうりゅう》」の師範だった国府新一の二人が「玉の湯」を切り盛りすることになります。

岳人は山男でしたから、私も由布岳登山の際には山仲間とよく「玉の湯」を訪ねては、温泉に入れてもらったものです。岳人は歓迎してくれましたが、シゲヨは嫌な顔をしていました。泥だらけの登山靴で旅館に来て、植物の標本を作る際に根っこに付いた土を畳にこぼすからです。「山登りは行儀が悪くて、部屋や廊下を泥だらけにして汚す」。よく怒られました。

見合い

先代「玉の湯」の主人・溝口岳人の養女が、私の妻となる喜代子です。大分市の大分上野丘高校から熊本大学医学部を受験しますが、第二志望の理学部生物学科に回されて、しばらくして中退。なんでもカエルの解剖で気持ちが悪くなって断念したそうです。翌年には早稲田大学文学部演劇学科に再入学して上京しました。

卒業後は映画のシナリオライターになります。実は、「亀の井別荘」の主人、中谷健太郎さんと喜代子は、またいとこの関係。健太郎さんの祖父で金沢市出身の風流人、巳次郎さんと、喜代子の実母・芝原寿子の父・中谷直吉さんが兄弟です。健太郎さんは明治大学から東宝に入社して助監督をしていましたが、喜代子も東京で映画人になっていたのです。

だから、私が由布岳登山で「玉の湯」に出入りしていたころ、喜代子は東京にいましたので、会ったことはありません。ところが、岳人が「女が映画界におったら、ろくなことはない」と反対したのでしょう。岳人が亡くなる直前の六一年に由布院に引き戻されてしまいます。

岳人はその年の暮れに由布岳の麓《ふもと》で息を引き取りました。八十三歳でした。晩年の岳人の日課は、由布岳を墨絵で描くことでした。ごつごつとした手彫りの木盆にも、由布岳が必ず彫り込まれていました。少し背を丸めて、座布団に正座して由布岳を飽かずに眺めていた岳人の後ろ姿が今でも目に焼きついています。岳人が家族に残したものは、亡くなる二年前に由布岳についてまとめた「由布山〜お山めぐり」という素朴な一冊の本だけでした。

さて、禅寺の保養所として開業した「玉の湯」ですが、喜代子の実父、芝原行戒は臨済宗妙心寺派の開山六百年大遠諱《だいおんき》副委員長まで務めた人。知人には筑豊の炭鉱王・伊藤伝右衛門さんらがいて、その妻で後に〝世紀の駆け落ち事件〟でも有名な歌人、柳原白蓮《びゃくれん》さんも「玉の湯」に宿泊されました。その際に、「由布院のやどの夜あけや　紅く山をそめて横たふ白雲」と詠まれた短歌を色紙に書いておられます。

白蓮さんの歌仲間で福岡県久留米市の月星ゴム（現ムーンスター）の創業家一族の奥さん倉田厚さんが、登山関係で私の知り合い。岳人が亡くなった翌年、倉田さんの紹介で喜代子と福岡県浮羽町（現うきは市）の大生寺で見合いして婚約しました。

父の死と結婚

結核療養から社会復帰し、婚約もした一九六二（昭和三十七）年秋、再び大病に見舞われました。

その日は九重登山に行くつもりで日田市立博物館にリュックを担いで出勤したのですが、突然に体調を壊して倒れました。そのころ、門司港に入港した貨物船でコレラが発生。台湾バナナが輸入禁止になる騒ぎがあり、近くの山口県であった博物館の会議に出張していた時期と重なっていました。「ひょっとしたらコレラかもしれん」。保健所が慌てて駆けつけて精密検査を受けました。

結果は細菌感染症の敗血症と判明。半年近く入院する羽目となりました。もし、登山中に発病していたらまず命はなかったと思います。コレラ騒動の渦中で保健所が検査をして早めの処置ができたのも幸運でした。ところが、入院中に今度は虫垂炎になってしまい、手術を受けました。

散々な闘病生活です。本来は年内に結婚する予定でしたが、一年延期しました。不幸は重なるものです。翌年の六三年九月二日、父の徳宝が急逝したのです。

父が日田農業改良事務所の所長時代の後輩が池永千年さん。「ウメ、クリ植えてハワイへ行こう」の運動で大分県大山町（現日田市）の名を高めた矢幡治美町長の片腕として活躍なされた方です。畜産飼育の専門家だった父は役牛を一年に一頭産ませるよう指導していましたが、池永さんは「太っ腹で豪胆。頼りがいのある上司でよく家に誘われてごちそうになりました。体力のある梅木先生が突然亡くなられたときは信じられませんでした」と回想されています。

定年後は日田市農協で営農課長をしていました。亡くなった日の朝、ヤギの乳を搾っていて脳出血で倒れたのです。日ごろは私の仕事だったのですが、たまたま喜代子の親類が来るので迎えにいっていたのです。あっけない最期でした。

「梅木さんが亡くなった」と聞いた人たちのほとんどは、私が死んだと思ったそうです。なにせ未熟児で生まれて、幼いころから病弱で、肋膜炎、結核、そして敗血症に虫垂炎と病魔に侵され続けていたわけですから。健康な父が五十八歳の若さで亡くなるとは誰も思いもしなかったのです。

父が他界した一カ月半後、私と喜代子は予定通りに結婚式を挙げました。

民芸運動にかかわる

日田市立博物館時代の活動として、当時盛んだった民芸運動にもかかわっていきました。

特に、日田市皿山の山中の集落で焼かれていた小鹿田焼《おんたやき》が全国的に脚光を浴びていて、研究者だった寺川泰郎さんの影響でのめり込みました。

江戸時代中期から一子相伝で人知れず静かに焼かれていた小鹿田焼が一躍注目されたのは、一九三一（昭和六）年に民芸運動の創始者、柳宗悦《むねよし》さんが訪問し「最も進んだ科学が産むものより、とにかく美しい」と絶賛されてからです。五四年には、英国人の陶芸家、バーナード・リーチさんが三週間滞在。浜田庄司さん、河井寛次郎さんらそうそうたる陶芸家も研究のために訪れています。

六四年にリーチさんが再訪された際には、私も小鹿田に同行しました。浜田庄司さんと、倉敷レイヨン（現クラレ）社長で大原美術館（岡山県倉敷市）の理事長だった大原總一郎さんもご一緒でした。山奥の小鹿田へ行くのは大変。道路は狭いし舗装もされてなかった。バスがやっと通れるほどの辺ぴなところでした。

民家の屋根はかやぶきで、窯の建物の屋根は杉の皮です。人里離れた素朴な農村。こんな山奥に世界的な陶芸家がわざわざやって来られたのです。その素晴らしい場面を私も共有できたことに興奮しました。リーチさんも十年ぶりの陶工との再会に大喜びで、また李朝時代から伝えられている模様付けの技法にあらためて感嘆しておられました。

私はリーチさんらのそばでお世話をするだけでしたが、一流の人々の言動には感動しました。一流の方の話を聞くということは勉強になり、生き方を教えられました。博物館にいなかったら、まず出会えない人々です。博物館を通して私の人脈が外に向かってますます広がっていき、後の由布院観光に大いに役に立つことになります。

博物館の開館に伴って、民俗史料も数多く持ち込まれました。日田には古い家並みが多くて、開発や住宅の建て直しの際に出てきた貴重な資料も多かったのです。文化財調査委員長の草野忠右衛門さんを中心にして、博物館とは別に民芸館をつくる構想も出てきました。小鹿田焼が注目を浴び、民芸運動が盛り上がっていた時期でタイムリーな計画でした。

ところが、そんな機運も行政の厚い壁の前にはね返されてしまいます。

行政の壁

貴重な動植物の膨大な標本類。子どもたちとの自然観察会。開館前に国の史跡に指定された法恩寺山古墳の出土遺品。一般市民から寄贈された民俗史料も加わって日田市立博物館の資料は充実していました。開館一年ちょっとで入館者が五万人に達するほどの人気で、一九六四（昭和三十九）年に法制上でも国から正式に博物館相当施設としての指定を受けました。

小鹿田焼を軸にした民芸運動の拠点地「民芸館」をつくる構想にもやりがいを感じていましたし、九州の博物館協議会の設立にもかかわりました。博物館を通してネットワークもより広くなっていったのです。

ところが、ここから行政の厚い壁に阻まれました。私が子どもたちとの課外活動の新企画案を出しても、通らなくなったのです。「無理に新しいことをしなくてもいい」「失敗すれば誰が責任を取るんだ」「そんなことに予算は出せない」……。

行政にすれば、課外活動は余分なものにしか見えないのですね。でも、その余分なところが子どもの夢を育てるのです。子どもたちと山道を歩き回って自然と親しむこと。生態系を学び自然保護の大切さを理解してもらうこと。これが私が博物館でやりたかったことです。

「博物館は標本資料を黙ってお守りしていればいいんだ」という雰囲気に、限界を感じました。「もう私がいても意味はないな」。六六年三月、五年半在職した日田市立博物館を退職しました。

辞める際に「私の後任には専門の学芸員を置いてください」と要望したのですが、それもかなわないまま今に至っています。開館から十年ほどは入館者が年間一万人ほどいて、市民の知的センターとして活気がありました。いまではその面影もありません。建物も老朽化。標本類の保管管理も劣悪で、傷み方も激しいのです。

半世紀以上前に原田万吉さんや長金治さんらが残した標本資料には、二度と復元できない資料価値が高いものも多いのです。日田の自然文化活動に尽力された多くの先駆者の

「思い」の一つ一つがいま一度見直されることを願うばかりです。

当時、日田に息吹《いぶ》いた自然文化活動の芽をつぶすことなくはぐくんでいれば、日田は「九州のへそ」として自然豊かな「観光交流文化都市」として繁栄していたと思います。

三の章　旅館の主人になる

牛の尻で物議を醸したパンフレットだったが、最優秀賞を獲得した

旅館の主人に

「帰ってくるチャンスじゃないか」。日田市立博物館の運営方法に失望して悩んでいたころ、「亀の井別荘」の中谷《なかや》健太郎さんのこの一言が退職を決意する後押しになりました。

そのころ、既に由布院に住んでいました。一九六四（昭和三十九）年に長女和泉《いずみ》が誕生。その機会に妻喜代子の実家から博物館に通ってまして、由布院の旅館経営者との親交はありました。結婚当初、旅館を手伝う気は毛頭なかったのですが、健太郎さんの勧めで「玉の湯」を継ぐことにしました。心残りはありました。結婚する際、喜代子に「山を取りますか、私を取りますか」と誓わされていました。博物館時代は登山は仕事の一環でしたが、旅館をやる以上は守らないといけないわけですから。

由布院の旅館グループの活発な動きに共鳴したのも動機の一つです。私が由布院で暮らす二年前に健太郎さんが帰ってきています。健太郎さんは東京で東宝の助監督として映画をつくっていたのですが、父親の宇兵衛さんが死去。母親の武子さんから「宿屋をやっておくれ」と泣きつかれたのです。

健太郎さんの伯父に、人工雪を世界で初めてつくったことで有名な物理学者・中谷宇吉郎さんがいます。相談に行くと「すぐに帰れ」と即答されたそうです。「撮影所の世界の人間関係は狭い。立派な人たちが心を開いて、わざわざ訪れてきてくださるような仕事は、旅館のほかにありゃせんぞ」。当時二十八歳。本当は一年間だけ旅館を応援してから、東京に帰るつもりが、そのまま居ついてしまいます。

健太郎さんのほかにも、由布院の旅館はちょうど世代交代を迎えていました。「日の出屋」（現夢想園）の志手《しで》康二《こうじ》さん、「いよとみ」の冨永岩夫さん、「山水館」の小野和俊さんらが旅館経営の二世として台頭しておられ、私もその戦列に加わることになりました。

五九年に国民保養温泉地の指定を受けた湯布院町は、「別府とは異質の健康で明るい温泉地づくりを目指そう」との岩男頴一《ひでかず》町長の大号令のもとでハード面が急速に整備されます。町営の国民宿舎や厚生年金病院、県立青年の家などの施設が次々と完成します。六四年には待望の九州横断道路（やまなみハイウェイ）が全線開通。「由布院の観光が変わる」。私たち若い旅館経営者は夢を描いていました。ところが、現実は厳しかった……。

悪戦苦闘

「玉の湯」の入り婿として旅館業を継いだ私は、中谷健太郎さんらの仲介で由布院温泉観光協会の専務理事のポストをいただいて、本格的に地域とかかわっていくことになります。

二年前の一九六四（昭和三十九）年に東京～大阪間で新幹線が走り、東京五輪があり、日本中は高度経済成長に沸き立っていました。大分県でも新産業都市の進展で都市化が進み、九州横断道路（やまなみハイウェイ）が全線開通。長崎と別府を結ぶ国鉄の急行「西九州号」が由布院駅に停車する際には、開通祝賀会を大々的に催すなど、観光関係者は新時代の到来を大いに期待したものです。ところが……。

〽別府様には及びもつかぬが、せめてなりたや天ケ瀬に
天ケ瀬様には及びもつかぬが、せめてなりたや宝泉寺

旅館経営者はこんな唄を自嘲《じちょう》的に歌っているのが実情でした。歓楽街の温泉地として大繁盛の別府はかなう相手でない横綱。せめて他の温泉地くらいにはなりたいなあという願望を込めて歌っていたのですね。

横断道路は人気を呼びましたが、由布院はただの通過地点。「あの盆地はどこかなあ」くらいの話題にしかならず、ドライバーは別府や阿蘇方面へと素通りしていきました。当時の年間観光客は約七十万人。現在の四百十万人（二〇〇七年）の二割以下という惨状でした。

約三十軒の旅館はどこもここも貧乏でした。雨が降ると部屋に洗面器が必要な旅館ばかり。そんなボロ旅館には客が来ないから、少しずつ修繕します。そしてまた借金がかさむという状況。掛け金がたまりすぎて、「今日の米代もない」という旅館もあるほどだったのです。

旅館組合で福岡市や北九州市に観光誘致キャンペーンにもよく出かけました。旅行代理店からは「料理は何点出るの?」「お酒のサービスは?」と安くたたかれて、最後は小指を立てて、「これは?」。「そっちの方は別府の方で」と言うと露骨にシラケた顔をされました。

「ススキの美しさがなんともいえんのです。朝日に輝くススキも、夕日のススキも」。景色の良さを懸命に訴えても、代理店は分かってくれません。「ススキの鍋でも出すつもり?」。その時に力説した「夢想園」の志手康二さんに「ススキの康ちゃん」というあだ名がつきました。

私が戦列に加わったばかりの由布院観光は、悪戦苦闘の連続でした。

客引き追放

駅前に旗を掲げた番頭がズラリと並び、「うちに泊まってくださいよ」と手を引っ張る。

このころ、どこの温泉地でも見られた客引き光景ですが、由布院でも同じでした。

駅前番頭は実力の世界。一組の客を取れば、宿泊代の一割から一割五分が手元に入ります。腕利きの番頭は「手当がもっと良いところにいくぜ」と旅館の主人にすごんでみせる。旅館は優秀な番頭に食わせてもらっているようなものなので、彼らは欠かせない存在だったのです。

「亀の井別荘」の中谷健太郎さんも客引きに行ったことがあるそうです。しかし、番頭組合に加入するには「権利金は十万円」と追っ払われました。それで引き下がらないのが健太郎さん。「客の出迎えならいいじゃろう」と了解を取ります。

「中村さーん。『亀の井別荘』からお迎えに参りましたー」。大声で駅中を駆け回る健太郎さん。名前は口からでまかせで「田中さん」とか「鈴木さん」。順番待ちしてこそこそと交渉する番頭よりもはるかに目立ち、〝出迎え〟と称した客引きに成功したそうです。

しかし、しつこい客引きへの苦情が多くて改善を迫られました。そこで、一九六六（昭和四十一）年の大分国体に備えて由布院駅が改築されたのをきっかけに、旅館組合では客引き排除に乗り出しました。駅構内に観光案内所を設置。ライバル温泉地の天ケ瀬駅の旅館案内所にいた職員を引き抜き、旅館あっせんの仕事を一元化したのです。

番頭の反発がすごかった。「わしらはこれで飯食ってんだ。おれの飯茶わんたたき落として、おまえらはどうする気や」。説得するのは大変でした。ただ、そのころ旅館の経営者は戦中、戦後の一世から二世にバトンタッチされていて、「いい町をつくりたい」という思いでいっぱい。内番頭として玄関前に水を打ったり、お客さまの靴をそろえたり磨いたりしてほしいと必死に説得して、どうにか客引き番頭の解散に成功しました。

案内所にはわれわれも交代制で詰めました。そのときの約束が、「お客さまが指名したとき以外は、自分の旅館に案内しない」ということ。部屋数が十部屋程度しかない由布院の旅館は、今でも足を引っ張ることなく、それぞれが手を携えて共存しています。このときの「紳士協定」の精神が、今もつながっているのです。

泊食分離の先駆けも

客引き番頭追放の話をしましたが、由布院駅で降りる人はほとんどいませんでした。お客の呼び込みのために、九州各県の旅行代理店に営業に行きました。昼は頭を下げ、夜は赤ちょうちんで接待する日々……。

〽学校出てから十余年　今じゃ宿屋の若社長
　宣伝旅行のその度に　下げた頭が五万回

当時流行《はや》っていたクレイジー・キャッツの「五万節」の替え歌を中谷健太郎さんがよく歌っていたものです。われわれには受けましたが、エージェントには全然受けない。世は団体旅行が大ブーム。数十人、数百人の客を受け入れる大型ホテルはもてはやされますが、部屋数が十数室しかない由布院の弱小旅館は、それこそ業界には「およびでない」時代だったのです。

こうした状況を打破しようと一九六六（昭和四十一）年につくったのが「湯の岳郷ガーデングリル」。茅葺《かやぶ》き屋根の大きなあずまや風の会食サロンです。湯の坪地区と岳本地区にある冨永岩夫さんの「万象苑」、伊藤スミさんの「香椎荘」、中谷健太郎さんの「亀の井別荘」、そして「玉の湯」といった四軒の別荘風旅館による共同経営という触れ込みで始めました。

黄金時代を迎えていた別府の温泉地に対抗して、「由布院も団体客ＯＫ」をアピールしたのです。百人ほどの団体客を、四つの旅館に分宿。食事は全員が集まって庭園がある会食棟でどうぞ、というアイデアです。旅館は一泊二食という料金システムが常識でしたが、今で言う泊食分離の先駆けでした。そのために四軒共同のパンフレットも作りました。

「ガーデングリル」は共同経営と言いましたが、実は「亀の井別荘」のお店。今の直営の料理店「湯の岳庵」のことです。しかし、それでは一旅館の話題にしかなりません。そこで、「田舎の弱小旅館が手を結んで頑張っています」と、マスコミ受けを狙った作戦を立て、本当のことは秘密にしていたのです。

華々しくオープンした「ガーデングリル」でしたが、正直言ってうまく機能しませんでした。やはり宴会場もある大型ホテルで大騒ぎするのが当時の旅行のスタイル。泊食分離システムは時期尚早だったのです。

結局、由布院の旅館は団体客を受け入れることに失敗しました。しかし、結果的にはそのことが由布院の静けさを守り、癒やしの地として人気を呼ぶのですから、皮肉なものです。

猪鹿鳥料理

二〇〇八（平成二十）年秋、大分県では国体が開催されました。二巡目に入った国体は、スリム化、節約、質素をモットーにしていますが、以前は開催県のメンツをかけた「スポーツの祭典」でした。六六年に行われた大分国体も、二年前の東京五輪の余韻が残っており、県民挙げての歓迎ムードでいっぱいでした。

われわれは、いろんな仕掛けをして由布院の名を全国に売り込んできました。その第一弾が最初の大分国体を舞台にしたものでした。天皇・皇后両陛下が利用されるということで、由布院駅が改築。その機会に客引き番頭を追放しました。団体客を受け入れるためにつくったのが、会食サロンの「湯の岳郷ガーデングリル」。そして、次の仕掛けが郷土料理の創作でした。

当時、筑後川、三隈川、玖珠川、大分川の久大線沿いの料理は、こいこくやコイの洗いなどのコイ料理が主力。由布院らしい料理はないのか？　そのとき、「玉の湯」の料理を担当していた国府新一が時々仕入れて出していたイノシシ鍋に「湯の岳郷グループ」のメンバーが目を付けました。しかし、単品のイノシシ料理は既に宮崎県が先進地。「ほかにないか？」「馬がおる」「シカもおる」

そのアイデアで付けた料理名が「馬鹿《ばか》刺し」。でも、これはジョークがきつすぎます。旅館がお客さまに出すには、あまりにも失礼です。それに、馬は熊本のイメージが強すぎるので、即刻却下となりました。

「それでは鳥ではどうかい。イノシシとシカと鳥《ちょう》。花札の猪鹿蝶にひっかければ話題になる」。こんな遊び心があるのは、〝ホラ健〟の異名を誇る中谷健太郎さん。イノシシ、シカ、鳥の単品では既成料理ですが、地域のものを組み合わせたことで、「猪鹿鳥《いのしかちょう》料理」というユニークなメニューが誕生しました。

イノシシはしょうゆ味のスープ煮で、シカは刺し身、鳥は塩こしょうで焼き鳥にして出しました。東京の週刊誌にチラシを送ると、「九州の由布院という田舎の旅館が共同で面白い料理を作った」と取り上げてくれました。それを見た読者が役場に「猪鹿鳥料理の店はどこ」と問い合わせますが、役場は知らない。慌てて町の関係者を招待して試食会をやりました。

　オリジナルで面白い情報にマスコミが飛び付くことを、このときに学びました。

イノシシをさばく

　猪鹿鳥料理に使うイノシシやシカの肉は、大分県佐伯市にある肉屋さんや、猟師さんから仕入れていました。今は高速道路で片道一時間ちょっとで着きますが、当時は往復で丸一日がかりの大仕事でした。

　猟師さんに丸ごと一頭売ってもらったイノシシやシカですが、地元の肉屋さんにさばいてもらおうとすると、反感を買いました。「あんたらは普段から支払いが悪いくせに、猟師からイノシシとかシカとかを買ってきてうちに頼むとは何ごとか。そんな金があったら、先にうちのツケを払ってくれ」。ごもっともです。

　旅館の板前さんに頼むと、ここでも猛反発。あのころの料理人は「包丁一本、さらしに巻いて」の世界。料理をつくるために来たのに、イノシシの解体作業をさせられたものですから、怒ります。「オレは引き揚げさせてもらいます」。次々に板前さんが去っていくのです。

結局、「湯の岳郷グループ」のわれわれの手でさばかないといけなくなりました。「玉の湯」の庭先などで、イノシシの毛をまず焼くところから始めます。たき火の余熱で庭のツツジなどの低木樹がよく枯れました。毛を焼いた後は、皮をはがして、骨をはずし、筋をとって、少しずつ肉をさばいていくのですが、本当に重労働でした。

大型冷凍庫も一般に普及していない時代。夏場にアイスキャンディーを入れていた冷凍庫は冬場は使っていませんでしたから、適当な大きさの肉片にして保存しました。また、大分県別府市に二十四時間営業の冷凍倉庫がありましたから、そこもよく利用しました。

猪鹿鳥料理の「鳥」は、最初は野生のキジやヤマドリでした。そのうちに、「昔、農家の庭先に放し飼いにされていた鶏の肉がギラギラしていてうまかった」という話題になりました。ちょうど、福岡県の農業高校で放し飼いの地鶏の雄雌を鑑定していることを聞きつけて、卸してくれないかと交渉しました。

輸送量や餌代を計算して地元の農家で飼ってもらい、何日たった鶏が一番おいしく食べられるかも実験してもらいました。当初は「湯の岳郷グループ」で全部を買い取っていましたが、そのうちに肉屋さんでも扱ってもらい市場ができました。

現在はすごい地鶏ブームですが、由布院はその走りだったと思います。

献上パンフを制作

大分国体（一九六六年）に向けて創作した「猪鹿鳥料理」に続く仕掛けが、湯布院町をアピールするパンフレットの製作でした。湯布院町では自衛隊駐屯地グラウンドがホッケー、由布院小学校の体育館が重量挙げの会場。さらに、天皇・皇后両陛下が初めて湯布院町を訪問されるということで、歓迎ムードは異様な高まりを見せていました。

岩男頴一町長とわれわれ若い観光業者が酒を飲んでいたときです。「天皇・皇后両陛下に湯布院町の立派な観光パンフレットをお土産に差し上げよう」という話になりました。当時の製作費の相場は三十万円。しかし、献上するものだから五十万円はかけて本棚に並ぶような立派なものを作りたい。ただ、町長に五十万円と言うと、値切られると思いました。そこで「百万円欲しい」と吹っかけたのです。酔った勢いです。ところが、岩男町長は肝っ玉が太かった。「よし、豪華なものをすぐ作れ！　議会に予算案を通してやる」。大喜びしましたが、プレッシャーも感じましたね。

私が大分県美術協会の写真部の会員でしたから、そのつてで撮影者は二科会で活躍していた地元写真家の大崎聡明さんに依頼しました。製作責任者は冨永岩夫さん、デザインは波多野義孝さん、コピーライターは中谷健太郎さん、私も撮影協力で名を連ねました。印刷会社も大分市の佐伯印刷に発注するなど、すべて地元大分のスタッフで製作にとりかかりました。

全員が友人です。本来の製作費は予算の倍の二百万円ほどかかったと思います。しかし、みんなは「湯布院のために」と、ほとんど手弁当でこの一大プロジェクトに参加したのです。

完成したパンフレットは斬新でした。形から奇抜で、縦、横が約二十五センチのほぼ正方形。表紙はコケむした石に十文字が刻まれた隠れキリシタンの墓碑。表紙をめくると、黒牛がでっかい尻をこちらに向けて由布院盆地をのんびりと見下ろしている写真。その尻の上に湯布院町を賛える中谷さんのコピーが白抜き文字でつづられています。

猪鹿鳥料理、山荘風旅館の「亀の井別荘」、近代的な「レークサイドホテル」の写真。金鱗湖の夕景や湯平温泉の情緒あふれる石畳風景……。芸術性が高いパンフレットでした。

ところが、周囲の評価は散々だったのです。

牛の尻で最優秀賞

「不気味な隠れキリシタンの墓石が表紙とはなんたる悪趣味」「宿泊施設で『亀の井別荘』と『レークサイドホテル』だけ写ってるのは、おかしい」「猪鹿鳥料理なんか一部でしか食べられん」「野だて写真のモデルの女性は、岩男町長、岩男病院長、秋吉県議、『亀の井別荘』『玉の湯』の奥さんたちで身内ばっかり」……。

天皇陛下に献上する観光パンフレットは酷評されました。特に、「天皇陛下に牛が尻を向けるとは、なんたる不敬！」と湯布院町の町会議員さんたちがカンカンでした。「あんなうさんくさい連中の言うことを聞いて百万円もの予算をつけた町長も悪い」と批判の矛先は岩男頴一町長にも向かいました。

ところが、そうしたバッシングも大分国体後に一変します。宮内庁からパンフレットを印刷した佐伯印刷に追加注文が来たのです。「天皇陛下がお気に召したのだ。万歳！」

朗報はさらに続きます。勢いに乗って、撮りだめしていた写真で絵はがきをつくると、これが「全国観光地絵はがきコンクール」で第一席の日本商工会議所会頭賞を獲得。そして「天皇陛下のパンフ」そのものが、「全国カタログ・ポスター展」のパンフレット部門で最優秀日本印刷工業会会長賞に輝いたのです。もう有頂天です。

特に佐伯印刷の平岩八重子副社長の喜びようはなかった。「大分の片田舎の会社が、最優秀賞の印刷技術を中央に示すことができた」と大興奮です。由布院のカラー風景入り名刺もつくりましたが、これも佐伯印刷が全国で先駆けて作ったものだったと思います。

もう一人喜んだ人物が岩男町長でした。批判した議員に「予算はこうして使うもんじゃ」と反撃してご機嫌でした。なによりも私たち民間の若者を味方につけたことが、政治的にも大きな収穫だったでしょう。一九五五（昭和三十）年に三十六歳で当選した初代湯布院町長は、このころ四十歳代後半。エネルギッシュな町長でしたが、議会にはまだ長老が多い。そこに、台頭してきた三十歳代前半の私たち観光業者の心をしっかりつかんだのです。

「若い連中がせっかくやろうとしているから、やらせてみましょう」。一連の国体騒動以降、議会対策にわれわれの名前を出して、自分がやりたいことを実行していかれます。しばらくは、岩男町長とわれわれの蜜月時代が続きました。

国体でおもてなし

一九六六（昭和四十一）年に行われた大分国体では、「玉の湯」はウエートリフティングの日本代表級選手と報道陣の宿舎でした。二年前の東京五輪の金メダリスト・三宅義信さんが出場されたことで、「玉の湯」はスポーツ関係者の出入りがあってにぎやかでした。

旅館の主人としてお世話をする一方で、写真に詳しかった私や公民館長の岩尾豊洋さん、公民館職員の平岡正堂さん、体協理事の井尾孝則さんで「四人の会」を結成、国体運営委員の記録班として活動しました。競技写真はもとより、湯布院町にお越しになった天皇・皇后両陛下の写真も撮影いたしました。

両陛下はホッケーを観戦されましたが、会場は自衛隊駐屯地のグラウンド。陛下が自衛隊の敷地に足を踏み入れられたのは初めてということで、大きな話題にもなりました。

当日は見事な秋晴れでした。盆地を取り巻く山々は美しく紅葉しており、両陛下もお喜びになったことでしょう。このとき、岩男頴一町長が両陛下の案内役でしたが、天皇陛下が由布岳の隣の倉木山《くらきやま》（一一五四・九メートル）を見て、「あの山は、なんといいますか？」と質問されました。岩男町長は緊張していたのでしょうね。「はい、あの山は……」としばらく考えた後に、「普通の山でございます」と答えたのです。数年後に園遊会に招かれた際に天皇陛下は覚えておられて「〝普通の山の町長さん〟ですね」と懐かしがられたという後日談まであり、われわれ仲間の間で語り継がれています。

さて、「玉の湯」に宿泊された三宅さんは次のメキシコ五輪でも連覇した国民的ヒーロー。三宅さんの一挙一動を取材するために大勢の記者とカメラマンも訪れて来ました。その際に競技の記事だけでなく、由布院の紹介記事も書いてもらいました。

そのときに、われわれは「情報」がどのように伝わるかを知ったのです。当時は都会の情報を受ける側だけに甘んじていました。しかし、いい情報なら、こんな田舎の由布院からでも日本だけではなく、世界へ発信できることを知ったのです。

また、全国からたくさんのお客さまが由布院に来られたのも、このときが初めて。心のこもった接客をすると、戻られて由布院の良さを口コミで広げてもらえることも知りました。

「情報発信」と「おもてなし」。大分国体で得た貴重な経験は、後の由布院の町づくりに大きく影響していきます。

蝗攘祭を発掘

由布院は音楽祭、映画祭など民間グループによるイベントづくりが得意ですが、その最初のものが蝗攘祭《こうじょうさい》を発掘して復活させたことです。きっかけは、一九六九（昭和四十四）年六月にあったNHKの番組「ふるさとの歌まつり」。司会は「おばんです」が決めぜりふで人気の宮田輝さん。伝統芸能や民謡を公開生放送で紹介する看板番組に、湯布院町が登場したのです。

ところが、全国に誇れる伝統芸能は町にはなかった。どれも盆踊りの域を出ないものばかり。NHK側も「こんなものではだめ」となかなか首を縦に振らない。そこで、岩男頴一町長は、企画立案を中谷健太郎さん、町総務課観光担当の平岡正堂さん、商工会の指導員だった佐藤雄也《たかや》さんの三人に任せました。

三人は町中を歩き回り、埋もれた郷土芸能を探しました。こうして、発掘されたのが明治時代に消滅した蝗攘祭でした。源平合戦で敗れた平家の武将斎藤実盛《さねもり》の怨霊《おんりょう》が、イナゴに化けて稲穂を食い荒らすため、実盛に見立てたわら人形を牛に乗せ、たいまつで牛を追いながら最後は害虫と一緒に焼き払ってしまうという五穀豊穣《ほうじょう》の祭りです。

放送当日。宮田輝さん、ゲストの中尾ミエさん、水原弘さんが見守る中、蝗攘祭が復活を遂げました。暗い田んぼ道にたいまつを手にした町民が、「実盛どんのごう死んだあ」と歌いながら行進。鉦《かね》や太鼓が鳴り響いて迫力がありました。放送的にも成功したと思います。ちなみに中尾ミエさんに手をつながれて舞台に堂々と上がったのが、長女で現「玉の湯」社長の桑野和泉。当時五歳。物おじしない舞台度胸はこのころからあったと、周囲によく言われます。

企画立案、実演までもほとんど住民の手作りでした。しかも、岩男町長はヨーロッパであった国際地方自治体連合の会議に出席していて不在。その中でＮＨＫの全国デビューに成功して、われわれは大喜びでした。

蝗攘祭は五年行った後、いったん途絶えますが、九一（平成三）年に再復活。いまでは由布院盆地祭りの一環として八月十五日に行われ、すっかり地元に定着する重要なイベントに成長しています。

大分国体に関連する活動や、蝗攘祭の成功により、われわれは大きな自信と勇気を持つようになっていました。そして、翌年の夏。由布院の町づくりの方向性を決定づける出来事がありました。

四の章　まちづくり

「明日の由布院を考える会」に脱皮して熱い議論が繰り広げられた（右から中谷健太郎さん、近藤和義さん）

湿原にゴルフ場計画

「城島高原の猪《い》の瀬戸《せど》にゴルフ場をつくる計画がある」——こんな、耳を疑うような話を聞いたのは一九七〇（昭和四十五）年七月のことでした。日田市立博物館を辞めて、「玉の湯」の経営に参加して四年たっていましたが、当時は厚生省の管轄だった自然公園指導員をやっていました。その関係者筋からもたらされた情報に驚きました。

別府市から由布院盆地に入ってくる九州横断道路（やまなみハイウェイ）沿いに、猪の瀬戸はあります。阿蘇くじゅう国立公園の中にあり、ヨシ湿原やススキの草原が広がる九州の三大湿原の一つです。高原湿地植物の宝庫で、ノハナショウブ、キスゲ、ヒメユリなどの花が咲き乱れます。また、カゲロウ、トンボなどの水生昆虫、ウグイス、カッコウなどの野鳥、シカやキツネ、イノシシなどの野生動物がすみ着いています。

「そんな動植物の楽園をつぶして、ゴルフ場?・」。最初は半信半疑でしたが、具体的な計画が進んでいるというのです。建設母体は、西日本レジャー開発という会社。城島高原一帯に新しいレジャー施設を建設する計画で、その目玉として猪の瀬戸に十八ホールのゴルフ場を設けるというのです。しかも、既に厚生省阿蘇管理事務所に口頭で計画を説明しており、レイアウトに着手。秋に工事を開始して翌年十月にオープンというところまで決まっていました。

慌てました。すぐに中谷健太郎さんのところに知らせに行きました。「なにぇ!?」。跳び上がって驚いた中谷さんと一緒に車で猪の瀬戸に向かいました。由布岳の麓を縫うやまなみハイウェイで二十分足らず。車を降りてじっくり眺めた猪の瀬戸には、高原の湿原植物が一面に花を咲かせていました。

きらきらと輝いて見えました。「別府市から由布院にお越しになるお客さまに、ゴルフのボールが飛び交う人工的な芝生を眺めて来てもらうか、希少な湿原植物を楽しんで来てもらうか」。二人の答えは決まっていました。「この花は守らにゃいかん」「そうじゃ、ゴルフ場なんかとんでもねえ」

この年、大阪万国博覧会があり、日本中は開発ブーム。山林はゴルフ場になり、町にはボウリング場が次々とオープンしていました。レジャー施設を誘致する観光地が当たり前の時代に、田舎の旅館の主人たちが「自然を守れ！」と第一声を上げたのです。

自然を守る会を結成

ゴルフ場建設の計画が具体化していましたから、われわれも早急な対策が必要でした。まず、由布院温泉観光協会の理事会に諮《はか》りました。

猪の瀬戸は湯布院町ではなく、別府市にある高原です。本来なら隣の市の開発計画に反対するのは筋違いかもしれません。しかし、由布院の住民にとって、猪の瀬戸は子どものころから遊び親しんだ場所。大分自動車道がなかった時代、別府市からの玄関口としての役割を果たしていました。「ゴルフ場は造るべきじゃない」。観光協会の小野順吉会長が了解して、「由布院の自然を守る会」が観光協会内に誕生。反対運動を組織として展開することになりました。

九州山岳保護協会の理事だった私は、高校時代や日田市立博物館時代からの山仲間たちに協力を求めました。たちまち、大分県自然愛護の会、別府市文化財保護委員会、別府市体協山岳部、由布・鶴見の自然を守る会、湯布院町体協山岳部、九重の自然を守る会、日本昆虫学会大分県支部など多くの団体からの賛同が得られました。

マスコミ対策も抜かりありません。猪鹿鳥料理や国体取材を通して築いた人脈が、ここでも役に立ちました。単なるゴルフ場反対運動ではなく、自然保護を全面的に打ち出したところに記者の共感が得られたのです。

この年の流行語に、「モーレツからビューティフルへ」というものがありました。海外からエコノミック・アニマルと揶揄《やゆ》された日本の高度経済成長を支えたのが、モーレツ主義。しかし、それによって自然環境が破壊され、人間性も失われていくことに日本人はようやく気付き始めていたのです。

しかも、本来はレジャー施設を誘致することで潤うはずの田舎の観光業者たちが、「自然を守れ！」とまったく反対のことをやり出したのです。物珍しいことに敏感なマスコミは興味を持って一斉にわれわれの活動を報道し始めました。

西日本新聞にも九州山岳保護協会の立石敏雄さんが「猪の瀬戸は湿原植物の宝庫。緑が奪われる都会人には、この高原の自然の姿こそがいいものなのです。学問的にもこれだけのノハナショウブ、キスゲの群生地は九州でも数少ない。ぜひそのまま残してほしい」との談話が紹介されました。

報道によって、一般市民の賛同者が一気に増えました。

立入禁止の看板

「立入禁止」。「由布院の自然を守る会」がゴルフ場反対運動を始めると、西日本レジャー開発は猪の瀬戸に立て看板を設置しました。地元の反発を受けると「高山植物を大切にしましょう」との文字を書き加え、さらにひんしゅくを買いました。

各新聞に掲載された会社側の反論もひどいものでした。「国立公園の中だがゴルフ場なら周囲の景観を壊すこともない」「珍しい植物の宝庫であることは知っているので、一カ所に集めて保護したい」「植物ドロも多い。ゴルフ場の一部に保護地帯を設ければ、かえって自然の保護になる」極め付きは「狭いわが国では、ある程度の自然の犠牲はやむをえないのではないか」と開き直った会社幹部の発言までありました。

こうした会社側の対応は、反対運動の火に油を注ぐようなものです。われわれは学者を猪の瀬戸に招いて学術調査を依頼しました。その結果もマスコミに報道されました。

読売新聞は、学識者や自然保護運動をしている人たちを取り上げて連載を開始しました。「ゴルフ場に湿原植物の保護地帯を造ってもダメ。水路一本作っても全滅します」（荒金正憲・湿原植物研究家）「湿原植物がなくなると、当然昆虫も姿を消します」（秦野多喜生・日本昆虫学会大分県支部長）などなど、反ゴルフ場キャンペーンが本格化していきました。

湯布院町長で県自然愛護の会の岩男頴一《ひでかず》会長も「（立入禁止の）看板はなんですか。あのセンスのなさが怖いんだ。『隣の町長が口を出すな』という人もいる。しかし、観光に国境はない。黙っていられますか」と激怒しています。

私も「反対を唱えるだけでは自然はみるみるうちに壊されていくばかり。県民運動にまで盛り上げて根強い保護運動を続ける。これからの社会は自然が大切になっていく時代」と主張し、記事に掲載されました。

こうした状況の中で、別府市の荒金啓治市長は九月に「猪の瀬戸は観光資源として重要。自然を壊さない範囲での開発を要請する」とブレーキをかけましたが、まだ全面反対ではありませんでした。しかし、十月になると、大分県自然愛護の会を中心にして協議会が開かれ、自然破壊を防ぐ県民運動として猪の瀬戸の保護運動を盛り上げることを決議したのです。

「由布院の自然を守る会」の攻勢はさらに続きます。

百人アンケート

猪の瀬戸を守る県民運動が決議された会議で、「由布院の自然を守る会」の中谷健太郎事務局長が「知名士百人へのアンケート」の実施計画を発表して、注目を集めました。「短期間のうちに多くの人に運動を伝えるには、マスコミに動いてもらうしかない。マスコミは知名士の発言に飛び付く」。戦略家の中谷さんのアイデアです。

石原裕次郎さん（俳優）、磯崎新《あらた》さん（建築家）、大宅壮一さん（ジャーナリスト）、服部公一さん（音楽家）、原田種夫さん（作家）、荻原井泉水《せいせんすい》さん（俳人）、福田平八郎さん（画家)、宇治山哲平さん(画家)らそうそうたるメンバーです。皆さん、由布院に宿泊された方や、猪の瀬戸をよく知っておられる方ばかり。当然、われわれが期待していた通り、ほとんどが開発反対か、慎重論の回答が寄せられました。

その結果が西日本新聞にも紹介されました。「このあたりの風景は日本でも最高の中に入ると思われる。一部の人のためのゴルフ場建設には反対」（画家・高山辰雄さん）。「貴重な存在として現状のまま長く保存することを望みたい」（人間国宝の竹工芸家・生野祥雲斎さん）。「城島高原の人工的開発は巨大だから、その周辺地区として猪の瀬戸の空間は必要。自然を守るための市民運動は当然」（前大分市長・上田保さん）。

こうなると、もう勝負ありです。ついに木下郁《かおる》・大分県知事が「珍しい植物が多いと聞いている。これはそのまま観光の財産であり、これを壊してゴルフ場をつくるなんてもってのほかだ」と語り、ゴルフ場の建設計画は雲散霧消したのです。

こうして、猪の瀬戸の湿原は守られました。ただ、以前は野焼きや採草が行われていましたが、現在は放置されたままで森林化が進行しています。このままでは、逆に希少な野生動植物が失われるピンチなのです。大分県では湿原再生プロジェクトに取り組んでいますが、自然保護の活動は地域住民に課せられた大切な責務だと思います。

「由布院の自然を守る会」の活動は、当時の自然保護のムードとマスコミの協力で見るも鮮やかな勝利を獲得しました。この結果、「自然を大切にする由布院」というイメージづくりにも大成功しました。また、町づくりの理論家たちとのネットワークがさらに拡大。その後の由布院の町づくりを支えていただくことになります。

出所祝い

猪の瀬戸の湿原を守ったわれわれは、しばらくは戦勝ムードに浸っていました。しかし、「自然を大切にする由布院」という評判が全国にとどろいても、お客さまは来ません。一九七〇（昭和四十五）年の湯布院町の年間観光客は現在の四分の一の約百万人。旅館は相も変わらず閑古鳥が鳴いていました。

そんな状態で迎えた師走でした。「よか客が取れた。建設業者の団体客で、『忘年会をやるから料理に二の膳までつけろ』っていう上客や」。「玉の湯」のすぐ近くにある旅館の支配人が喜んでいるのです。

「ちょっと話が良すぎる……」。嫌な予感がしました。というのも、そのころ日本全国の温泉街で、暴力団が旅館を借り切って派手な宴会を開き、住民や宿泊客に迷惑をかける事件が多発していたからです。

知り合いの刑事に問い合わせると、恐れていたことが的中してしまいました。大分県別府市に本部があり、当時九州最大だった暴力団の組長が刑務所を出所。一カ月前に神戸市で「出所祝い」を大々的に行っており、さらに地元の別府市で派手な宴会を企てていたのです。大分県警はその動きをキャッチしていて、組に警告。別府市内の旅館にも通達が行き渡っていたので、彼らの会場探しは難航していたのです。

そこで目を付けられたのが、「奥別府」の由布院。身元を伏せて女性に電話で予約を入れさせるという卑劣なやり方にも怒りがこみ上がりましたが、既に予約は受け付けています。旅館の支配人は慌てて断りを入れましたが、「もう日数がない。断るとどんなことになるか分かっとるだろう」とすごまれて、どうしようもありません。

話を聞き付けた岩男頴一町長が「費用弁償は町でなんとかする」と組と交渉しましたが、決裂しました。大分県警も中止を求めますが、「彼らが暴れでもしない限り法的に取り締まりはできない」との判断。「花輪は出さない」「玄関に看板を立てない」などの条件をつけるのがやっと。望みは絶たれました。

さあ、大変です。暴力団の「出所祝い」が実現すると、全国に「暴力団ご愛用の町」とのニュースが流れてしまいます。猪の瀬戸湿原を粘り強い運動で守り、せっかく築き上げた「自然保護の由布院」のイメージがいっぺんに吹き飛んでしまうことになってしまいます。

無言の抵抗へ

「由布院観光の危機じゃ！」。一九七〇（昭和四十五）年十二月九日、旅館組合の緊急理事会の席で、われわれは頭を抱え込んでいました。暴力団の出所祝いは翌十日に行われるのです。既に関西、四国、九州一円の友好団体の幹部が続々と由布院へ向けて出発したとの情報も入ってきました。その数、なんと百人！

「マスコミに『暴力団が来た』というのを書かないよう頼むのはどうか」

「いや、『来た』というのは事実だから無理だ」

「なら、どうする？」

「宴会の後に町に繰り出して土産物を買ったり、食堂に入るかもしれんな」

「商店街を歩き回る⁉」

「なら、かかわりとうないから、駅前の商店街だけでも店を閉めよう」

　中谷健太郎さんが異を唱えました。「それでは、結局は暴力団に鎮圧された町になるでえ。『由布院はついに侵されなかった』という方法はないか」

　みんなで再び頭をひねり、この日の深夜に名案が練り上がったのです。

「明日午後二時、全商店が暴力団の放免祝いに抗議してシャッターを下ろします」

各理事は商店街に決定事項を伝えに走りました。観光協会専務理事だった私は広報担当となり、新聞社とテレビ局に電話連絡。抗議に立ち上がった由布院住民の「無言の抵抗」を取材してもらうように依頼しました。

それだけでは気が治まりません。同日付で大分警察署長に要望書も提出したのです。「われわれは暴力追放に立ち上がることを決議しました。ただ、未然防止に関する問題点の一つとして警察力の不足が話題になりました。暴力追放などの相互連絡を密にするためには警察力の強化を早急に実現されますよう、お願いします」

文面は穏やかですが、未然防止に失敗した警察を批判するような厳しい内容です。西日本新聞もこの要望書を取り上げて、住民の断固とした意気込みを報道してくださいました。

夜が明けました。出所祝いが行われる旅館の前の旅館二階が監視所です。住民と報道記者が待機しました。正午すぎ。黒塗りの車が続々と到着。半開きのカーテンから監視する記者やわれわれを、両手をポケットに突っ込んだ黒背広の組員が続々と現れにらみました。怖かったですよ。

湯の町は怒る

午後二時。「無言の抗議」の時間です。旅館、商店、料理屋、パチンコ店など二百店舗が一斉にシャッターを下ろしました。まるでゴーストタウン。組員らは店が閉まっているので、どこへも行けません。午後三時に儀式が終了。カメラを向けた記者を組長がにらみつけ「撮るなら撮れ。大きく載せろ」と捨てぜりふを残しながら、全員が静かに引き揚げていったのです。

「湯の町は怒る」「商店、旅館二百軒が休業」「勇気のあるパントマイム」――翌日の新聞で由布院住民を称賛する見出しが躍りました。

賛辞、激励の電話や投書も続々と届きました。「ふる里でこんなすごいことをやってくれて、ありがとう」（大分県出身の警察幹部）。「正義感に敬意を表します。勇気がいるでしょうが、みなさんの味方はたくさんいます」（大阪市民）。「こんな素晴らしい町に私も住んでみたい。家か土地を探して」（北九州市民）。

岩男頴一町長は出張中でしたが、新聞社の取材に「由布院には勇気のある住民がいるのです」とコメントしています。そして、すぐに「暴力追放宣言町」の決議案を議会に提案。二度と暴力団を入り込ませないことを全国に宣言してみせたのです。

当時の大分県警本部長だった室城庸之《つねゆき》さんが西日本新聞の取材で「全国の警察本部長から『大分県はうらやましい』といってきます。暴力絶滅の良いお手本」と、われわれを褒めてくださいました。後に室城さんと会いましたが、「あなたたちくらい怖い人はいませんよ。暴力団に屈せず、それをバネにして町を守ったのですから」と、称賛されました。

ちなみに、室城本部長の息子さんの信之さんも二〇〇八（平成二十）年一月まで大分県警の本部長。その後は麻生太郎首相の秘書官になっておられます。

由布院が拍手喝采《かっさい》された一カ月後、福岡県内の温泉地で抗争中の暴力団同士が「手打ち式」を行いました。しかし、住民はなすすべもなく式を挙行されてしまい「黒い群れに踏みにじられた温泉地」として全国にニュースが流れてしまいました。由布院とはまったく違った結果に終わったのです。

「ゴルフ場計画を白紙化」「暴力団に無言の抗議」。わずか半年間での戦果です。「潔癖な温泉地」。由布院の名が全国にとどろきました。ところが、われわれの行動を良く思っていない住民もいたのです。

「考える会」に脱皮

「自然、自然とあんたらは言うけど、おれたちに茅葺き屋根での生活を続けろというのか」

「経済的に豊かになるには、少々の開発も必要じゃ」

「山林を壊しても生活道路は必要なんじゃ」

住民からこんな声が漏れ聞こえてきました。しかも、ほとんどが農家からの不平不満の声。ショックでした。

「自然の質」を高めるために発足したのが、「由布院の自然を守る会」。われわれは、自然の恵みを受けて生活している農家が一番喜ぶと思い込んでいたのですが、そうではなかった。農家には「観光業者の連中だけがやっている、わがままな行動」としか見えなかったのです。

　確かに、「自然を守れ」と叫ぶことは、仲間内ではすごく楽しいことです。しかし、観光業者の中にも生活のためにレジャー施設などの大型開発を望む人が大勢おり、「守る会」の運動を冷ややかに見ていたのです。

「自然を守るというだけの運動では、住民の共感が得られない。町づくりを展開するには、もっと広範な意見をくみ上げて活動しないと」

　こんな議論を重ねて、一九七一（昭和四十六）年三月、「自然を守る会」は「明日の由布院を考える会」に名称を変更。自然を守ろうという人も、生活の利便性を求める人も、色んな利害関係がある人たちが参加できる会にしました。旅館経営者、商店、農業、医者、住職などが会員に名を連ねました。ですから、議論には時間がかかりました。しかし、その中で「こんな苦労があったのか」とか「こういう考えもあるのか」など、新しい発見がありました。その過程で「由布院を素晴らしい町にしたい」という共通の思いがますます強まっていったのです。

「自然を守る会」の会長だった小野順吉さんが、「考える会」の発足に向けてあいさつをした文があります。

「『自然を守る』という消極的な運動で、由布院の自然を、自然の美しさを保っていけるだろうか。私たちは『守る』姿勢から『創《つく》る』姿勢へ、消極的な保護策から積極的な企画へと体質を変えていくべきだと思いいたりました。私どもの蒔《ま》いた種が、やがて大きく実って実を結び、豊かで美しい由布院の町が生まれれば望外の幸せです」

「守る会」から脱皮した「考える会」が、由布院の本格的な町づくりをリードしていきます。

町長の弟を〝人質〟

華々しい成果を挙げながら、「由布院の自然を守る会」の活動は、観光協会の〝過激派分子〟の勝手な行動と一部の住民に思われてしまいました。それを反省して、新しく立ち上げた「明日の由布院を考える会」は、組織編成に知恵を絞りました。

会長になってもらったのが、病院長だった岩男彰さんです。住民の誰でもが病気になったらお医者さんのところに行くでしょう。お医者の指示には逆らえません。だから、彰さんには行司役としてみんなをまとめてもらおうと思ったのです。

彰さんは、湯布院町の岩男頴一町長の弟さんです。医者だった頴一さんは由布院盆地のダム化計画の反対運動で政治活動に目覚め、町長になりました。彰さんは、家業を〝放棄〟した兄に代わって岩男病院の五代目病院長を継いでいらしたのです。

彰さんに会長になってもらう別の理由もありました。岩男町長はゴルフ場反対運動の際には、大いに支援していただくなど、長い間われわれとは蜜月関係でした。しかし、長期政権の弊害が見えだしたのも、この時期から。将来、ワンマン町長と対立する場面も想定できる状況でした。そこで、弟の彰さんをわれわれの陣営に組み入れたのです。言葉は悪いですが、いわば「人質」だったともいえます。

後に、われわれと岩男町長は大手不動産への土地売却問題を巡って対立します。「考える会」の内部でも紛糾しますが、彰さんは「町長の弟が会長をしているのは、やはり無理がある。立場上つらいぞ」と会長辞任の意向を漏らされました。そうなると、われわれは単なる反対集団になってしまいます。必死に説得したものです。

もちろん、スタート時点では「考える会」の理念は全員一致していました。彰さんが会長に就任した際のあいさつ文です。

「私たちは『夢』を大切に育て五十年後、百年後の由布院に思いをはせる雅量豊かな、そして想像力たくましい由布院人でありたい。（中略）いつの日か『夢の実った町』『日本の中にポッカリと残った不思議な町』『住んでいる人が豊かで美しい町』……そんな町に育っていく過程を、ゆったりした気持ちで見守りながら、その実現のためにあらゆる努力を重ねていこうと思っています」

「生活型観光地」の言葉さえなかった時代。「考える会」は誕生と同時に、その「夢」に向かって活動を開始しました。

十七人の侍

「明日の由布院を考える会」のメンバー構成は、町内各地域から幅広い職種にまたがり、いろんな利害関係を討論できるように工夫しました。その結果、農家から八人、旅館、商業、サラリーマンが八人、そして会長に医者の岩男彰さんを担いで、合計十七人が参加しました。

これらが実践会員になりますが、われわれは「十七人の侍」と呼んでいました。そして、株式会社の組織を参考にして会を運営させました。つまり、実践会員は「重役」となって一切の企画や運営を自由に行っていきました。さらに、町長や町議長、農協婦人部長、青年団長、学校長代表、連合ＰＴＡ会長、旅館組合長などの町内各種団体のトップ十七人が「株主」。経済的、精神的な〝投資〟を依頼しました。まさに、全町にまたがる「町づくり頭脳集団」でした。

ゴルフ場開発計画が発覚した高原湿地植物の宝庫「猪の瀬戸」

町づくりの記録が満載の『花水樹』。1995年に合本した完全復刻版が刊行された

それだけでなく、三つのプロジェクトチームをつくったのが「考える会」の最大の特徴でした。美しい街並みと環境をつくる目的で「環境部会」を、農業を中心にした産業を育てて町を豊かにしようと「産業部会」を、なごやかな人間関係を築き上げようと「人間部会」をつくったのです。

「環境部会」は、「由布院の自然を守る会」の流れをくむものです。観光に直接かかわる話ですから、「亀の井別荘」の中谷健太郎さんが部会長。「産業部会」には篤農家が多く、農家を一番把握できるのは消防団長ということで、佐藤清隆さんが部会長。「人間部会」の会長には、人が亡くなったらお寺に世話になるという理由で、興禅院の住職、平岡正堂さん。その三つを調整する事務局長として、外部との人脈が広く、「人事の薫平」と呼ばれていた私が就きました。

実践会員は全員が民間です。当時の日本全国での町づくりは行政主導ですから、本当に画期的な会でした。よく、「行政は何をしてくれましたか?」と聞かれます。私は「邪魔をすることはなかった」と答えています。「考える会」は行政を大胆に批判したりして、今考えてみると随分と勝手な事を言っています。しかし、それを許してくれた岩男頴一町長も相当に肝が据わった人物でした。

「考える会」と行政は「対立的信頼関係」にあったともいえるでしょう。しかし、根っこでは「自分たちの子どもや孫の世代に『由布院はいい町だ』と言える町をつくろう」という点で共通していました。

機関誌『花水樹』

一九七〇（昭和四十五）年十二月、「町づくりの雑誌」とサブタイトルがついた『花水樹』が創刊されました。最初は「由布院の自然を守る会」の機関誌でしたが、そのまま「明日の由布院を考える会」に引き継がれ、われわれの全活動が克明に記録されていくのです。

創刊号に編集長の中谷健太郎さんが書いています。「私たちが子供に残してやることのできる唯一のものは、この町の落ち着いた、節度のある美しさだと思います」「この町を美しいものに育て上げたいと、想《おも》いここに極まってとうとうこのような雑誌を発行することになりました」「町民の自由な発言の場となり、町長も気軽な一読者としてそれに参画するようになったら愉《たの》しいのではなかろうか？」

「考える会」の機関誌ですから、ワンマンぶりが目立ち始めた岩男頴一町長をけん制する雑誌だったともいえます。いや、「ゴルフ場反対」のときには、同志でしたから最初は応援機関誌でしたね。その証拠に、『花水樹』は観光協会が年間六万円、旅館組合が二万円、あとは有志のカンパをいただいていましたが、湯布院町からは年間三十万円もの補助金をもらっていたのです。岩男町長も「オレは三十万円で若けえ連中の情報を買っているんだ」と自慢していたものです。ところが、後に「考える会」との対立が深まり、『花水樹』でも「反岩男色」の論調が濃くなると、「三十万円も出しているのに、あいつらは文句を言ってくる。けしからん」と怒りをあらわにされます。

『花水樹』は、千部を印刷して定価百円（後には自由値段）で発行しました。「考える会」で行った座談会は、激しい議論のやりとりまでも実名で公開。全国の読者に配布され、由布院の町づくりの活動が広く知れ渡っていったのです。

岩男町長が参議院議員になられる一年前の七三年までに通算十号を発刊しました。町づくりの真剣な議論が文献として残っていることは、ほかにも例がなく、貴重な資料だと思います。

『花水樹』を意見交流の場として活動した「考える会」は、七二年度の第三回あすの地域社会を築く住民活動賞（新生活運動協会）に入選しました。「由布院のグループは創造的、自律的オピニオンリーダー小集団として、高く評価できる。なぜこんな集団が成り立つのか、きわめて興味深い」が審査員の感想でした。

木下知事を直撃

『花水樹』創刊号の巻頭を飾ったのは、当時の大分県知事、木下郁さんへのインタビュー記事でした。編集長の中谷健太郎さんと、カメラマン役の私が記者になって取材しました。

木下さんは戦前、戦後の衆議院議員、続いて大分市長になられ、さらに革新系知事として四期十六年にわたって大分県政に君臨なされた人。私たちが会ったときが知事在職十五年目でしたから、まさに「大分の顔」のような存在でした。

そんな大物政治家に面会するため、県庁舎に足を踏み入れたこともなかった三十六歳の田舎の旅館経営者が、知事室に行ったのです。もちろん、アポは取っていましたが、今考えると木下さんは、無名だった私たちによく会ってくれたものだと感心します。

インタビューでは由布院についての意見をうかがいましたが、さすが木下知事。今でも通用する話をしていただきました。『花水樹』に掲載された記事を抜粋します。

「静かで良い環境の町にすべきですな。パチンコをやりたい人にはですね、別府に行けと言うても良いんですよ」

「環境が良ければ家族連れの人がどしどし来るようになるし、そういう人の方がゆっくり滞在したり、またちょいちょい気軽に来たりするですよ」

「一年に一度休養に来たというような人はやたらと酒を飲みたがったり……まあ女遊びをしようとかなんとかいうてですね……一時的には金を落とすかもしれんが、長い目でみると良くはない。そんなことをしとると今度は湯布院がみんなから嫌われるようになる」

「家を建つるのに少しでも道にくっつけて建つるでしょう？　そりゃ昔の考え。土地全体の効用から考えたらばからしい。裏にちいっとひっこめて建つる方がいいじゃねえかい。住宅だけじゃなく商店もですな、ひっこんだ方がいいですよ」

「湯布院はいま大分県中で一番時代の金筋に当たっておる町。町長さんに『あんた金筋に当たっちょるで』と言うんです」

こんなにはっきり物を言う政治家は、今の時代そうはいないのではないでしょうか。そして、木下さんの発言はわれわれが目指そうと思っていたことをすべて話してくれたのです。「滞在型観光地」「家は引っ込めて建てるべし」

インタビューの後、大きな勇気をいただき興奮したことを、今でも鮮明に覚えています。

磯崎新さんの助言

日本を代表する建築家の磯崎新さんは、大分市生まれで旧制大分中学校（現大分上野丘高校）出身。中谷健太郎さんの二年先輩で、「亀の井別荘」によくお泊まりになっており、私たちは由布院の景観についていつも助言をいただいています。

『花水樹』の第二号では巻頭で岩男頴一町長との対談を特集しました。「磯崎さんに町長の開発計画をチェックしてもらい、一流建築家の思想を町長が知り、町づくりに生かしてもらおう」とわれわれが仕掛けた対談でした。

町長が由布院駅前の統一感のない街並みに「頭が痛い」と嘆くと、磯崎さんは「静かな、ひなびた町のイメージを強く裏切られた感じです。町自体のデザインポリシーが必要です」とアドバイス。さらに由布院の町を実際に回って、具体的な方策まで話していただきました。

「何か統一的なものでつなぐ。軒先かひさしを出して、由布院らしいデザインでまとめたらどうですか」（商店街で）

「この辺りは良いですね。公園化しないで、田園のまま残すべきです。そのためには田園を保存するための産業も考えないとなりません」（町の郊外で）

このように、一流の知識人からのアドバイスを由布院の町づくりに大いに役立ててきました。今でも、著名な先生が由布院に宿泊されるたびに「お時間があればお話を聞かせてください」と小講演会を頼んでいます。由布院には大学はありませんが、来訪された知識人と地域との関係を広げることで町の文化を高め、目線を高めてきたのです。

随分後のこと。磯崎さんが由布院に泊まられた際、ＪＲ由布院駅の新築計画を知り、その場で駅舎のラフスケッチを描かれました。「あの磯崎さんが乗り気だ」と、とんとん拍子に話が進み、設計者に決定。一九九〇（平成二）年に松と杉を使った総木造建築の新駅舎が完成しました。

磯崎さんは当初、高さ二十数メートルの「塔」を設計されました。しかし、リゾート開発から町を守るために湯布院町は「高さ十五メートル以上の建築物は禁止」という条例をつくったばかり。駅舎は条例対象外でしたが、「今後の町づくりの基準になれば」と、半分以下の十二メートルの塔に快く変更していただいたのです。

「『世界のイソザキ』の設計にケチをつけたのは、由布院の連中だけ」と多くの人が驚いたものです。

五の章　ドイツへ行く

町づくりのヒントをくれたグラテボルさん。左は中谷さん

ウメ、クリ運動共鳴

「みんなが住んでみたい由布院をつくりたい」。「明日の由布院を考える会」の理想と夢は大きく膨らむばかりでした。ところが、本格的に町づくりに取り組んでいる観光地など、どこにもありません。まねをするお手本がないのです。

ただ、気になるグループは近くにありました。「ウメ、クリ植えてハワイへ行こう」で有名な大分県大山町（現日田市）の農家の活動です。一九六一（昭和三十六）年、当時の矢幡治美村長が始めた「ウメ、クリ運動」（NPC運動）は、山間地の特性を調べ上げてウメとクリを植えて農家の所得向上に成功。海外旅行が夢だった時代に、ハワイへの団体旅行を実現させたのです。米、麦の増産を奨励した国に逆らっての快挙です。歓楽温泉地の別府と反対のことをやっていこうと考えていた私たちも共鳴するところがあり、刺激となっていました。

さらに、農業の生産技術の向上と合理化のために六九年に大山の若者三人がイスラエルのキブツへ研修に行きました。キブツとはイスラエル独特な共同体のことですが、彼らはそこで協業の仕組み、相互扶助、農業工場のあり方、地域社会の自立などを学んできたのです。

「考える会」の事務局長だった私は、大山町と接触しました。父の梅木徳宝《よしとみ》は日田農業改良事務所の所長でしたから、矢幡村長とは顔見知り。父が急死した際には弔辞を読んでもらった仲です。矢幡村長の片腕としてＮＰＣ運動を支えた池永千年さんも、父の部下だった人。「梅木さんの息子さんのためなら」と協力を得て、七一年一月に「ウメクリ運動の実態を聴く会」を開催したのです。

矢幡村長の息子さんで大山町統計調査課長だった矢幡欣治さん（後に大山町長）、町農協の窪昭邦さん、町産業課の江田一美さんの三人が来てくれました。いずれもイスラエルの研修帰りで、われわれは彼らの言葉に引き込まれていきました。

「新しいことをやるには広く世界を見る必要がある。豊かな人間関係、地域社会での連帯感、経済的裕福。いずれを考えてもイスラエルのキブツこそ理想の姿だった」

われわれの気持ちは固まりました。「キブツに行こう」。ところが、イスラエル行きは実現しませんでした。第三次中東戦争直後のきな臭い国際情勢が、われわれの前に立ちはだかったのです。

本多博士の提言

イスラエル行きは断念しましたが、新たな候補地が浮上しました。大正時代に由布院を「奥別府」として売り出した油屋熊八さんが、一人の博士を由布院に招いて講演会を開催。その博士は「ドイツのような生活型の温泉保養地を目指すべきだ」と由布院の将来像を明確にアドバイスしていたのです。

一九二四（大正十三）年、綿陰《めんいん》尋常高等小学校（現由布院小）で行われた講演会に現れたのが本多静六博士です。ドイツに留学した日本で最初の林学博士。日比谷公園や大濠公園などの設計や明治神宮の森の造営に携わった方です。本多博士は由布院の町民に語りかけました。

「豊かな文化的な生活を送るには、自分の力で合理的に幸福に生きていく『独立自強』の精神が大切だ。そのためには、お金より何よりも健康が大事だ」

「健康のためには『野外生活』『野外運動』が一番。文明社会の発展は空気が汚れ、健康を維持することが難しくなった。そこで人々は自然豊かな山や水の風景を望むようになった。ドイツのバーデンバーデンがそういうことを考えている町だ」

そして、「森林公園の中に町があるような町づくりをすべきである」と提言したのです。

森林公園のつくり方についても言及しています。

「松、杉、ヒノキだけでは飽きられるから、モミジやヤマザクラなどの広葉樹を植え、風景に変化をつけろ」

「散策路は曲げて長くつくれ。真っすぐでは単調で面白みがない。立派な樹木が道の真ん中にあったら決して切ってはいけない。その樹木を避けて道をつくればいい」

最後に由布院の町づくりの具体策を語ります。

「町を循環する大回遊道路、歩行者が自由に散策できる中回遊道路、その間を連絡する小回遊道路をつくれ。道の両側には柿の木を植えろ。日よけになり、景観も味わい深くなり、干し柿の名物もできる」

本多博士のこの提案は、今の由布院が抱えている交通問題の解消の参考にもなりますね。

大正時代の由布院の人々は、本多博士の講演を聴いて感動したのです。そして「由布院温泉発展策」という本にして子孫に残しました。それから半世紀過ぎた七一（昭和四十六）年。昭和生まれの私たちが再び本多博士の提言に共感したのです。「小さな温泉町の未来像を見たい。ドイツが教科書だ」

町長が保証人

われわれ旅館経営者は、箱根や熱海など全国の温泉地を視察しました。しかし、高度成長期の温泉地は大型化、効率化が主流。規模の小さな由布院は太刀打ちできないし、まねもしたくありませんでした。

「よそと違う温泉地なり、地域づくりをしないと終わりだ」。切羽詰まっていました。そのとき、大正時代に本多静六博士が説いた「ドイツ型観光地を目指せ」の〝遺言〟を発掘したのです。ヨーロッパ視察は最後の賭けでした。視察者は、商工会観光部長の中谷健太郎さん、旅館組合長の志手康二さん、観光協会専務理事の私の三人。四十五日間、ヨーロッパの観光、文化、教育、産業を見て回ろうという計画です。ところが……。

「ヨーロッパ？　何を考えているのですか。あなたたちは借金がヤマのようにある」。銀行に旅費として一人百万円を借りに行くと断られました。当然です。当時の大卒初任給が四万三千円。多額な借金を抱えている貧乏旅館に百万円もの大金を貸してくれるはずはありません。

助けていただいたのが、岩男頴一町長。岩男町長は二年前にヨーロッパに出張し、各地の温泉地を視察。「ドイツの保養地は参考になるよ」と目指す方向性を示唆しておられました。金繰りに困っていることを知ると、「よし、オレが保証人になる」と引き受けてくれたのです。

当時、岩男町長は観光協会、商工会、森林組合など、婦人会長以外の「長」のつく団体トップをほとんど兼ねていました。農協組合長もやっておられたので「オランダの温泉熱を利用したイチゴ栽培農家を視察」という名目をでっち上げて七十万円ずつ借りたのです。

当時は一ドル三百六十円の時代。今のような格安チケットもありません。ヨーロッパ往復の航空料金だけでも五十万円もしました。岩男町長はさらに「明日の由布院を考える会」の私たちを町の臨時嘱託という身分にして、調査費という名目でさらに一人十万円ずつを出してくれたのです。

「私は保証人になった。三人ともちゃんと帰って来てくれよな。君たちが帰って来ないと、借金はともかく、オレは君たちの奥さんやお子さんたちまでの面倒はみられないからな」

夢を抱いて挑戦する若者を応援してくれるトップの存在がいかに大きいことか。岩男町長は物心両面で私たちを育ててくださいました。

理想を求めて

金の工面はつきました。しかし、具体的にどこを視察すればいいのか？　助けていただいたのは、中谷健太郎さんの学生時代の友人で東京大学のドイツ語の助教授だった平尾浩三さん（現東大名誉教授）でした。

平尾さんは、ドイツの週刊誌『デア・シュピーゲル』の極東特派員ペーター・クローメ記者が、由布院の町づくり運動に興味があり話を聞きたがっている、と中谷さんに連絡されました。渡りに船です。平尾さんに通訳を頼み、クローメ夫妻を由布院にご招待。「明日の由布院を考える会」で座談会を開きました。

「ドイツでは建物は条例によって制限がある。私たちは秩序ある規制は必要だと考えますが、日本の町づくりプランはばらばら。日本の観光は量から質への転換が必要です」

クローメ記者の意見にますますドイツ視察の必要性を痛感しました。そして、視察行程案を立ててもらい、ドイツの新聞社『フランクフルター・ルントシャウ』編集局長への紹介状まで書いてもらいました。岩男頴一町長も各国の日本大使館に「この人たちは湯布院町を代表して町づくりの勉強のために御地を訪問します。三人の身の安全並びに、何かあったら保護してほしい」との親書を書いてくださいました。

渡航のニュースは西日本新聞にも紹介されました。

「ビューティフルな町づくり　若者三人ヨーロッパ視察」との見出しで「湯布院町で、若者たちのユニークな町づくり運動が盛り上がっている。豊かな心情がにじみ出る新しいコミュニケーションづくり、美しい街並み運動を思い立ち、欧州の町づくりを視察する」という内容でした。当時、志手さんが三十八歳、中谷さんと私が三十七歳。若者でもなかったのですがね。

一九七一（昭和四十六）年六月一日、出発の日。当時の大分空港は国東半島に移転する前で、大分市内にありました。偶然、地元政治家だった後藤文夫さんが同じ飛行機。見送りに知事を辞められたばかりの木下郁さん、人間国宝の生野祥雲斎さんなど大勢の知名士がおられました。私たちを見つけた木下さんが「この三人の湯布院の若者たちは、今から町づくりの勉強に出かけるそうです」と周囲の人々に紹介してくださいました。

いろんな人々の応援をいただき、私たち三人の理想を求める旅行が始まりました。

心を膨らませる

三人とも初めての海外旅行ですから、興奮状態での出国でした。三人の役割は、中谷健太郎さんが視察の企画立案、志手康二さんが会計、私はカメラマンで記録撮影を担当しました。

カメラは二台を首から下げ、レンズは二百ミリの望遠、広角など四、五本を持っていきました。三十六枚撮りフィルムも百本。これだけでもすごい重量です。ただ、二百ミリが活躍したのはデンマークの植物園で金髪女性が真っ裸で日光浴をしていたのを〝隠し撮り〟したときだけ。健太郎さんたちは見て見ぬふりして見ていましたが……。

このころ、カメラに相当凝っていましたが、あるときから一線を引きました。人間国宝の陶芸家、浜田庄司さんの自宅を訪問したときです。素晴らしい作品をカメラで撮っていると、「あなたはレンズを通してでしか物を見ていない。心で見ないと本当の物は見えませんよ」と指摘されたのです。思い当たる節があり、作品を作るためにカメラで写真を撮るのはやめました。

七年後の一九七八（昭和五十三）年に再びヨーロッパに行きましたが、カメラは置いていきました。すると、最初に行ったときには気付かなかった物や風景が目に飛び込んできたのです。浜田さんの言う「心の目」の意味が分かりました。ただ、帰国後に写真出版社から「世界を見る」というテーマで原稿を依頼されたときには困りました。時効だから打ち明けますが、七年前の写真を使いました。開発を拒むヨーロッパの風景や建物はほとんど変化しないから、問題にはなりませんでした。

さて、アラスカ経由でのヨーロッパ旅行。給油でアンカレジ空港に到着した後、康ちゃんと私はロビーの片隅で美しい朝焼けの風景を眺めながら、これから体験する壮大なロマンに心を膨らませていました。ところが、ルフトハンザの機内にいた健太郎さんは慌てふためいていました。出発時間が過ぎても私たちが帰ってこないからです。何度も私たちの名前を呼ぶアナウンスがロビーに流れていたそうです。われわれは、「英語のアナウンスを聞くと海外旅行気分が盛り上がるなあ」と旅情に浸っていたのです。

デンマーク、オランダ、ベルギー、イギリス、フランス、スイス、西ドイツ、オーストリア、スウェーデンの九カ国を巡る旅が始まりました。由布院観光にとって「歴史的な四十五日間の旅」となります。

カルチャーショック

貧乏旅館の主人たちによる貧乏旅行です。持ち金は一人二十万円。一ドル三百六十円の時代ですから、約五百五十ドル。これで、食費、移動費、観光を含めて約五十日間の旅をするわけです。一日当たり十ドル以上使えば無一文になる勘定です。今考えるとゾッとします。

もちろんちゃんとしたホテルに泊まる余裕などありません。出発前に二泊までなら無料でホームステイさせてくれる国際団体のサーバス・インターナショナルに登録して、これを中心に泊まり歩きました。「旅の掟《おきて》」は一日五ドル以上使わないこと。中谷健太郎さんが『ヨーロッパ一日五ドルの旅』という英語のガイドブックを持っていました。その日歩く部分のページだけ破ってジーパンのポケットに突っ込んで、観光地やレストランを探して回りました。

「次はどこかえ？　きょうの飯はどこかえ？」と志手康二さんと私が健太郎さんに尋ねると、「次の角を曲がって三番目にあるレストラン。注文はオニオンスープだけ。パンは無料、食べ放題」というような毎日。

最初の到着地デンマークのコペンハーゲンでは「明日の世界」というバスツアーに参加しました。郊外の森の中にある幼稚園や、ポプラ林の中のしゃれた建物の小学校を案内して、福祉国家デンマークの誇らしい姿を見てもらうために企画されたものです。

狭い教室の中に閉じこもっている印象が強い日本と違って、まばゆいばかりの緑の中でのんびりと遊ぶ園児の姿にうらやましく思ったものです。ところが、小学校に行くとたばこを吸っている少年が無邪気に遊んでいる姿を見てあぜんとしました。

学校の職員に喫煙少年の件を質問すると、デンマークでは十一歳になれば親の承諾があれば喫煙してもいいとのことで、二度びっくり。「それにねえ。たばこを吸うとか酒を飲むといったことは家庭が決めることでしょう。そこまで学校が口を出すことはできませんよ」

学校教育と家庭教育を切り離して考えているこの国の教育方針に、驚くばかりでした。

ただ、喫煙王国といわれるデンマークでも世界的な「反喫煙」の流れには勝てなかったようです。たばこの購入最低年齢が徐々に引き上げられ、最近は十六歳から十八歳になったそうです。

行く先々でカルチャーショックの旅はまだまだ続きます。

強制執行

オランダの首都アムステルダムでは自転車ツアーに参加しました。私が自転車に乗ると、中谷健太郎さんと志手康二さんが笑うのですよ。小柄だからペダルに足が届かず、子どもが大人の自転車に乗るように「三角乗り」して必死でこぎました。

美人のガイドさんに案内されてのツアーですが、企業名が入った黄色の自転車で黄色の袋を肩から提げ、ツアー客は企業の宣伝をしながら走るのです。オランダの有名酒造メーカーがスポンサー。民間企業をうまく引っ張りこんでやっている市営の観光協会（ＶＶＶ）のやり方に感心させられたものです。

ただ、われわれは「由布院から俗悪な看板を撤去しよう」との思いでヨーロッパに来ましたから、観光客まで巻き込んでの観光作戦にはちょっと違和感を感じたものです。

アムステルダムからレンタカーで一時間。大学の町、ライデンに到着しました。ちょうど激しい夕立がやみ、空のかなたに虹がかかった町は息をのむほど美しかったですね。中世の街並みの中に大学が散らばっていて、公園の中に大学があり、大学そのものが町。こうした調和のある町こそが、われわれが求めていたものでした。どうしたらこうした町ができるのか？　その答えがすぐに分かりました。

中華料理を食べにいったときです。ハシゴを担いだ人がやってきて、いきなり外壁を塗り始めたのです。店主に聞くと、都市計画での壁の塗り替え。「役場から塗り替えの時期を何度も通告されていたが、放っていたんだ。きょうは強制執行の日」。請求書を置いて帰った作業員を見送りながら、三人とも顔を見合わせるばかりでした。「行政がそこまでやるの⁉」

店主が続けます。

「役場の立ち入り検査で店が汚いと言われれば絶対に塗り替えなければなりません。もちろん看板など勝手に出せません。従わなければ営業停止ですから。店名表示も路上に出ないように壁の中にはめこむように指導されています」

「そのかわり、古い建物が傷んだときは、ほとんど全額を国の負担で修理してくれます。税金が高いから当然ですけどね」

環境を守ろうと私たちは民間ベースで必死に訴えていました。ヨーロッパでは行政が景観を保つためのプランニングを行い、管理までやっている。国によっての景観への思いの違いをみせつけられた瞬間でした。

おもてなしの心

由布院の音楽祭や映画祭は、招待された人と参加者、スタッフがとことん酒を飲んで語りあうことで有名なイベントです。実はこの伝統はヨーロッパ旅行での体験がベースになっているのです。

視察旅行に出かける直前のことです。由布院に英国人の熟年夫婦が旅に来ていました。旅先のロンドンで世話をしてもらえる絶好のチャンスと思い、中谷健太郎さん、志手康二さんと一緒に食事に誘いました。

「今度ヨーロッパに行きます。ロンドンにも寄ります」とあいさつすると、思惑通り「ぜひ家に遊びに来てくれ」と名刺をくれたのです。その際、「誰かスポーツはやりますか」と尋ねられました。私も、健太郎さんも運動音痴。康ちゃんは体格がいいので、「柔道をやってます」と答えました。

約束通り、ロンドンで夫婦の家を訪ねると、立派な体格をした女性が招かれていました。「日本から柔道の選手が来るから、一つ教えてもらおうと思って彼女を呼んだんだ」と、夫婦。康ちゃんは中学時代に柔道をやっていただけ。こんな展開になるとは予想もしていません。しかも、その女性は東京五輪の柔道無差別級の金メダリスト、アントン・ヘーシンクさんのお弟子さんというのです。

びっくり仰天です。びびった康ちゃんが「薫平さん、あんたから先に行きよ」と言うけど、それは無理。すると康ちゃんは、カーペットの上にバタンと倒れて受け身をしてみせました。それから恥ずかしそうに立ち上がって、「私にできる柔道はこれだけです」と頭をペコリ。みんなで大笑いです。その後、食事をして盛り上がりました。

英国人夫婦の歓迎ぶりの中身の濃さに、ただただ感心させられました。われわれだったら、部屋を用意して、食事をごちそうして、話をして、そして翌日、「さようなら、またね」で終わり。しかし、英国の夫婦は日本からわざわざ来た客が楽しめるように、企画を考えていてくれたのです。

旅館の主人たるものは、客を喜ばせる温かいおもてなしの心が必要ではないか。お客さまを迎えるときは、こちらも腹を決めてとことんやらないといけないんじゃないか。

深夜にまで及ぶ音楽祭や映画祭の熱い交流会。その根底には、英国人夫婦から学んだ「おもてなしの心」が宿っているのです。

自主規制

ベルギー北西部のブリュージュの町も景観を考える上で大いに刺激を受けました。

運河に囲まれて、中世の面影を残した赤れんがの家屋が立ち並ぶ美しい街並み。馬車が走る中心部から少し外れただけでも静まり返った町でした。ベルギーの作家ローデンバックの代表作に『死都ブリュージュ』というのがあります。その題名の由来が分かるような気がしました。

運河沿いにツタがからまった古いホテルがあり、そこに宿泊しました。六十歳を過ぎた男性が主人兼料理人。二人の娘が従業員という小さなホテルでした。私たちが旅館経営者だと知ると「もう少し早く来てたら、ホレカ大会の日本代表として迎えることができたのに」と残念がられました。ホレカとは、ホテル・レストラン・カフェの頭文字をとって呼ばれる観光組織。そんな民間組織のホレカが町の環境計画に対して強い発言力を持っていたのです。

「役所の景観規制はそれほど強くありません。しかし、市民側が自主規制するという考えが強いのです。ブリュージュは観光の町。この古い静かな雰囲気を壊したら、お客さんがこなくなるわけですからね。だから、路上の看板は一切禁止です。争って古めかしい表示だけにとどめているのです」

「こんな町にしたい」という市民の考えがまず先にあって、それを具体化するために役場が条例をつくるとの説明。日本との違いにただただうらやましい限りでした。

主人が作ってくれた料理がまたおいしかった。「日本の赤穂の塩を使っています。世界中の塩を取り寄せて試してきたけれど、赤穂の塩が一番」

塩を研究する時間がよくあるものだと聞くと、「十二月、一月、二月の三カ月間は休むんだ。その間に部屋のメンテナンスをして、自分のための充電期間にしている。そうでないと前に走れないだろう？　君たちは何カ月休むんだ」と逆に質問を受けました。

「年中無休です……」。エコノミック・アニマルぶりに恥じ入りながら、中谷健太郎さん、志手康二さんと私の三人は固く誓いました。「帰ったら三カ月休むぞ」。誓いが実現することはついにありませんでしたが……。

その後、ブリュージュの町はユネスコの世界遺産に登録されました。今でも「屋根のない美術館」として美しい景観が市民の手で守られているのです。

スイスの歌声

「じゃあ次は日本から来たあなたたちの番です」

スイス中央部の湖畔の町ブリエンツに民泊したときのことです。ホストファミリーが音楽の先生。家族が集まってくれて数々のヨーデルの曲を歌ってくれました。美しいハーモニーに聞きほれていると、私たちに歌えと振られて慌てました。

中谷健太郎さんはうまいのですが、志手康二さん、私は苦手。仕方なく三人で歌ったのが森繁久彌さん作詞作曲の「知床旅情」でした。

〽知床の岬に〜　は〜まなす〜の咲くころ……

ひどい歌声でした。次の会話で、さらに落ち込みました。

「その歌はあなた方の村の歌ですか」

「いいえ、違います」

「どこの歌ですか」

「北海道というところの歌です」

「北海道は近いのですか」

「いいえ、私たちの町から日本で一番遠い町です……」

由布院で誇れるものはなんだろうか？　「由布院の宝」を育てることに目を向けていなかったのです。それに気付き、情けない思いでいっぱいでした。

そこのご主人の薦めで近くの村を見学しました。校倉《あぜくら》造りの民家が雄大な高原のスロープに点々と立っており、スイスの美しい自然に調和していました。大きな民家かと思ったのは小学校の校舎。鉄筋コンクリートの四階建てですが、木材をうまく組み合わせて、見事に周囲の風景に溶け込んでいるのです。

「いい学校だろう。長い間かけて建てたのだからな」。売店の主人が胸を張って自慢します。運動場がないじゃないかと挑発すると、ニヤリと笑って言い返されました。

「裏の草原を見たかね。あんなに広く美しい運動場のある学校があったら、お目にかかりたいもんだよ」

アルプス山脈のユングフラウに登る道をレンタカーで行こうとすると、係員に「登山電車を利用しろ」と止められました。貧乏旅行なので車で行かせてくれと頼んでもダメ。聞くと、登山電車の収入の一部は登山基地の町グリンデルワルトに還元されて、あの美しい町の景観を保っているというのです。

自然保護と景観を美しく保つために観光客に負担してもらう仕組み。さすが観光国スイスだと感心しました。しかし、当時は登山電車賃が日本円で一人六千円。懐に響きました。

温泉保養地を学ぶ

西ドイツのフランクフルトの北に位置するバートナウハイム。ドイツ最大の温泉地でわれわれは温泉保養地の仕組みをつぶさに知ることができました。

出発前に由布院で意見交換をしたドイツ人の週刊誌記者ペーター・クローメさんの父親を訪ねていき、この町の実力者を紹介してもらいました。入院中だった父親は「息子の手紙に、あなた方の町はとても美しいと書いてある。より美しくするために、私にできることをしよう」と協力していただいたのです。

また、東京大学からこの町の研究所に派遣されていた入来正躬《まさみ》先生に通訳をしていただき、大変助かりました。入来先生はその後、生理学の権威者になられます。数年前、私が山梨県に講演に出かけて環境科学研究所という施設を見学したのですが、そこの所長が入来先生でした。「もしかしたらあのときの方ですか。由布院のことは風の便りで知ってました」。私も「先生のおかげで由布院の町づくりを行うことができました」と三十年前のお礼を言い、由布院にご招待しました。

さて、バートナウハイムは「心臓の湯」として世界的に有名な温泉地です。保養地は三つの施設に分かれています。「バーデ・ハウス」という飲泉ホール、吸入室、温泉浴などの温泉治療施設。「クワ・ガーデン」という温泉プール、ゴルフ場など保養のための散歩公園。「クワ・ハウス」という音楽劇場、図書室など遊びや娯楽のための建物。この三つの施設を中心にできている町でした。

このほか、バートクロチンゲンやバーデンバーデンなど西ドイツ各地の温泉保養地を訪ねて回りました。そこで見たものは、人々が自分の体をいたわり、静かに人生を楽しんで暮らしている生活でした。そのために保養地も美しい環境を保つように努力していました。そして、保養地の絶対条件は「静けさ」だということを思い知りました。

このとき、われわれが見て学んだことがその後に旧湯布院町のクアオルト（温泉保養地）構想へと発展。一九八一（昭和五十六）年に国民保健温泉地としての指定を受けることにつながるのです。

しかし、見て学んだだけでは「癒やしの里」の町づくり運動はうまくいかなかったかもしれません。われわれに町づくりの心構えをたたき込んでくれた衝撃の町が、同じ西ドイツの田舎町・バーデンバイラーでした。

車を締め出した町

西ドイツ南西部のバーデンバイラー。スイス国境に近く標高四五〇メートルの盆地の町です。人口は当時三千五百人。由布院を小さくしたような町での体験が、われわれの生き方を決定づけました。

ドイツ人週刊誌記者のペーター・クローメさんがドイツの新聞社「フランクフルター・ルントシャウ」の編集局長フラッハさんにあてた紹介状が威力を発揮します。フランクフルトを訪問したのが、フラッハさんが西ドイツのある政党の書記長に就任するという日。そんな多忙の中で、ドイツ・スポーツ・ユーゲント事務局の高橋のり子さんを通訳に招き、日本から来た田舎の旅館の主人を出迎えてくれて、入念な視察計画を準備していただいたのです。

その一つが温泉保養地・バーデンバイラーでした。田舎町のバス停に降りた途端、遊歩公園と街並みの美しさに魅了されました。小さな商店街も洗練されています。庭園の片隅で小編成のオーケストラがヨハン・シュトラウスなどの曲を奏でて、大勢の人々が野外ベンチに座って音楽に耳を傾けていました。

世界中から健康を求めに来た人がくつろぐ別天地。花が咲き、小鳥がさえずる。なにもかもがスローモーションの世界で動いているような感覚でした。

しかし、そのとき町は歴史的な日を迎えていたのです。この町では、深夜と昼下がりの仮眠の時間帯には車両の通行が禁止されていました。ところが、行政府が「公共性に反する」として裁判を起こしたのです。われわれが到着した日がちょうど判決の日。二年がかりの法廷闘争に住民側が勝利して、町は興奮状態に包まれていたのです。

もう一つ、町の姿勢に驚きました。ドイツの温泉地は医療の側面が強く、社会保険が利き安く滞在できます。しかし、それでは画一化した平凡な保養地になってしまいます。そこで、バーデンバイラーは社会保険の適用を拒否。「少し料金は高いけれど、それに見合ったサービスを行います」という姿勢を取ったのです。結果として世界中から上流の保養客が訪問することになり、それが美しい町の魅力を高めることになったのです。

静けさを守るために、車を締め出し、質の高いサービスを行うことで、美しい景観を守る。小さな旅館しかない由布院が生き残っていく道。その答えが、はっきりと見えました。

まじめな魂と出会う

「町にとって大事なのは『静けさ』と『緑』と『空間』。私たちはこの三つを大切に守ってきた。私たちは百年の年月をかけて、町のあるべき姿をみんなで考えて頑張ってきた」

バーデンバイラーで出会ったホテル「ポスト」の主人で、町会議員をしていたグラテボルさんの熱弁に、われわれ三人は圧倒されました。

「君たちは町づくりを始めたばかりだが、町にとって何ができるのだ」

グラテボルさんが、私たちの顔をのぞき込みました。中谷健太郎さん、志手康二さん、そして私を順番に指さして詰問調に問い掛けました。

「君は?」「君は?」「そして、君は?」

その質問に三人とも何も答えることができませんでした。ただ顔を真っ赤にするだけでした。そんな三人にグラテボルさんはヒントをくれました。町づくりには企画力のある人、調整能力のある人、それを伝えることのできる伝道者三人が必要だというのです。私たちは自分たちの役割を必死で考えました。

企画者はアイデア豊富な健太郎さんが適任です。ただし、企画者が煩わしい手続きまで

車の進入時間を制限したバーデンバイラーの交通標識

外観も内装も三十三年前と何一つ変わっていなかったホテル「ポスト」。左から、中谷さん、志手淑子さん、私

考えだすと何もできません。そこで行政とかけあってアイデアを実現させるための調整役は、私がやることになりました。康ちゃんは若者たちにとって兄貴分のような存在。すごく人望がありました。「康ちゃんのためなら」という雰囲気を持った人で、伝道者の役割を担いました。

帰国後、三人はグラテボルさんの教えの通り、町づくりに没頭します。周囲から「あの三人がいなかったら町は静かなのに」と陰口もたたかれました。しかし、グラテボルさんが言った「百年の町づくり」を心構えにして信念を貫いたつもりです。

七年後の一九七八（昭和五十三）年、由布院の仲間約三十人でバーデンバイラーを再訪しました。グラテボルさんは入院中で一日に三時間しか面談ができない状態でしたが、楽しみに待っていてくれました。町づくりの報告を聞き、「君たちは約束を守った」とほほ笑んでくださいました。「一人でも多くの人が、よその町を見ることが大切だ。そして町づくりに頑張っている『まじめな魂』に出会うことが必要なのだ」

私たちはバーデンバイラーでまさに「まじめな魂」と出会いました。グラテボルさんの魂が由布院を変えていったのです。

2013
4

中公文庫　新刊案内

The Void Shaper

ヴォイド・シェイパ

森 博嗣

若き侍は問う。
強さとは。生とは。

ただ一振りの剣を携え、あてどない旅が今、始まる――

ある静かな朝、彼は山を下りた。世間を知らず、
過去を持たぬ青年・ゼンは、問いかけ、思索し、そして剣を抜く。
「強くなりたい」……ただそれだけのために。●740円

森博嗣「ヴォイド・シェイパ」シリーズ

単行本最新刊同時発売

スカル・ブレーカ

The Skull Breaker ●1890円

好評既刊

ブラッド・スクーパ

The Blood Scooper ●1890円

「スカイ・クロラ」を継ぐ
森博嗣の新シリーズは、
静謐にして鋭利な
剣豪小説!!

価値観覆る

最終視察地スウェーデンの首都ストックホルムの草原に中谷健太郎さん、志手康二さん、私の三人は寝転がっていました。眼下には美しい湖と森が広がっています。「森と湖の都ストックホルム」とつぶやきました。「山と水と、いで湯の由布院」。誰かが返しました。

手探り状態で始まったヨーロッパ旅行。しかし、旅の間に町づくりのヒントを手にして、新たな意欲が心の底からわき上がってきました。四十五日間の経験は、私たちの価値観を決定的にひっくり返したのです。

高層ビルを建て、歓楽街をつくり、効率よく団体客をさばいて、がっぽり稼ぐというのが、それまでの観光業界の常識。しかし、それは高度経済成長に浮かれた日本だけということに気付きました。ヨーロッパの田舎では、普通の人が普通の暮らしをしている町や村に、癒やしを求めて旅をしていたのです。

「静かな空間づくりがわれわれの仕事。建物は緑の中に建ててきました」

西ドイツのバーデンバイラーで出会ったホテル「ポスト」の主人グラテボルさんに、町づくりの姿勢を教わりました。ハイウエーが近くを通るのを拒絶して、車の通行も制限して景観を守ってきたのです。

「町づくりは、一人でやっていては孤立します。最低でも三人は必要だ。大勢の仲間で進めることが大切だ」

私たちの手を何度も握って力説したグラテボルさんの真剣な顔が忘れられません。

二〇〇四(平成十六)年、家内の喜代子と中谷健太郎さん、明美さん夫婦、亡くなった志手康二さんの奥さんの淑子さんたちとバーデンバイラーを訪れました。「ポスト」は経営者が代わっていて、グラテボルさんにも病気で会えませんでした。しかし、ホテルは外観も内装も昔のまま。以前撮影した写真を持って行きましたが、植木鉢の位置まで同じ。淑子さんに「ここに康ちゃんが立っていたんですよ」と教えると感激されました。

町には高層ビルは一つもなく、商店街には緑があふれていました。展望台から見下ろした町は、森に包まれたまま。三十三年前と何一つ変わっていないのです。美しい景観を徹底的に守っていく町の人々の姿勢に、プライドと愛着を感じました。

「由布院も子々孫々まで誇れる町にしないといけない」。バーデンバイラーは、訪れるたびに町づくりの心構えを思い出させてくれる町です。

六の章　由布院の危機

湯布院町の街角に立ったヨーロッパ風の統一案内標識

電柱看板を排除

ヨーロッパから帰国したわれわれが最初に手を付けたのは、町内に乱立する広告看板を一掃して町の景観を改善することでした。ヨーロッパの田舎には俗悪な広告がなく、自然のたたずまいと人間の生活が溶け込んでいるのに心を打たれたのです。

看板問題は、ヨーロッパに行く前からわれわれが景観を守る上で一番頭を痛めていた課題でした。しかし……。

「景観、景観というけれど、あなたたち旅館が一番たくさん看板を出してるじゃないか」

旅館以外の観光業者や商店街からクレームがついたのです。実際、「玉の湯」でも町内に広告看板を出していました。「われわれが率先しないといけない」。私は九州電力や電電公社（現NTT）の電柱の広告権利を買い取っていきました。電柱の広告の権利を買うと、同時に契約業者が看板を作ります。しかし、出来上がった看板を張らずに倉庫にしまいました。こうして、「玉の湯」周辺の電柱から看板を取り除いていったのです。

看板を排除しないといけないと痛感した出来事もありました。ある日、観光客から「〇

○旅館はどこ？」と尋ねられた地元の子どもが「そこの看板に書いてある」と答えたのを目撃したのです。「これではいかん。町の子どもが観光客をほったらかしにしている」と危機感を抱いたのです。

そんなこともあり、電柱の広告権利を買い取ったのです。すると、今度は道を尋ねられた子どもが観光客を旅館まで連れてくるようになりました。お客さまも「子どもまでもが親切でいい町ですね」と感心されました。看板は便利のように思えますが、実はそうではなくて、住民から優しい親切な心を奪っているのだと思い知りました。

ヨーロッパの田舎で実際に見た看板は、とにかくシンプル。ハイウエーの道標は、多くの国で青地に白色の字で統一され、付け方も人間工学上の工夫がなされています。商店の看板も規制が厳しく、町にそぐわないものは許可されません。野立て看板も公園や広場に設けられた表示場所以外は一切禁止されている町が大半でした。

「そんな規制がなくても、べたべたポスターを張って町中を汚して歩くような人はいませんよ。だって、美しい町でみんな生活したいのですから」

オランダのライデンで聞いた商店主の言葉に、耳が痛かったですね。

統一案内標識

野立て看板の一掃は、由布院の環境設計と呼応して腰を据えて徹底的に行いました。

応援してくださったのが、由布院好きで「玉の湯」のお客さまだった九州芸術工科大学（現九州大学芸術工学部）の初代学長の小池新二さんです。芸工大は一九六八（昭和四十三）年に開校しますが、小池学長は東大を中心とした新進気鋭の学者を引き連れて来られました。そんな若い学者先生が、由布院の町づくりに興味を示されたのです。「明日の由布院を考える会」と、芸工大の塚越功さん、東大の香山寿夫さんらの学者グループが、由布院中を歩き回って調査、討論していきました。

その成果は、『花水樹』特別号に「外部空間としての道路」とのタイトルで発表。やまなみハイウェイ、市街地道路、遊歩道・自転車道の整備や活用方法などを提案としてまとめました。その動きに連動して、野立て看板を一掃して、統一案内標識を設置することも決めたのです。

デザインは公募しました。西日本新聞の社会面のトップ記事にも「全国的にもユニークな実践運動」と募集記事が掲載されました。大勢の応募の中から花水樹のイラストを担当していた別府市在住のデザイナー岩尾浩介さんの作品が採用されます。

こうして、由布院らしい統一案内標識は完成したのですが、本来の目的は看板づくりではありませんでした。中谷健太郎さんが新聞記事の中でわれわれの思いを語っています。

「広告看板で客を呼び込むのではなく、逆に看板のない豊かな〝桃源郷〟としてお客を迎えたい。観光面で聞きたければ観光案内所で聞いてもらえばいい。町はあくまでも生活村であり、観光客を呼び込むのが目的ではない。町が明るく住みやすくなるようにしたい」

われわれの計画では、次の段階で標識のところに温泉をわき出させ、木を植えてベンチを置く。道が分からない人は大きな木を探せばいい。そこに標識があるから。疲れたらベンチに腰かける。ヨーロッパで見た、そんな町にしたかったのです。

それから、三十数年が経過しました。統一案内標識は辛うじて残ってはいます。しかし、由布院人気に便乗した県外資本の宿泊施設や土産物屋が派手な野立て看板を出し、統一標識の意味がなくなっています。静かな生活村を目指したわれわれの挑戦は、新しい世代の若者の課題になってしまいました。

亀　裂

「大型レジャーセンターが湯布院町に進出計画」――ヨーロッパ視察から帰国して間もなくの一九七一（昭和四十六）年九月、朝日新聞にこんな記事が掲載されました。「明日の由布院を考える会」の事務局長だった私が「健全な湯の町のイメージがなくなる」と話したコメントも載り、「考える会」の部会で「全然議論もしていないのに、この発言は問題だ」と責任を追及されましたが、問題の本質はそんなことではありません。

「ファームタウン」と名付けられた開発計画は、大手観光業者の不動産会社が九州横断道路沿いの膨大な町有地の林野を買収。ゴルフ場、プール、テニスコート、貸別荘、保養所、キャンプ場など、総事業費八十二億円をかけて建設するものでした。前年にあった猪の瀬戸湿原のゴルフ場計画は、隣接の別府市が舞台でしたが、今回はおひざ元。色めき立ちました。

しかも、この計画は同年三月に土地の一部が買収されており、さらに九月に追加の土地の売却と賃貸しが町議会で議決されたのです。この年の二月に岩男穎一《ひでかず》町長は無投票で五選を果たされました。岩男町長のワンマンぶりが頂点に達し、われわれの知らないところで開発計画が進んでいたことに、不信感を抱きました。

ただ、いろんな職業で構成していた「考える会」では、利害関係の違いがありすぎて意見はまとまりませんでした。農家の人は「農民の生活は苦しい。自然を売って金を得て、さらにレジャー施設で働けるようになれば農家にとって救済だ」と訴えました。旅館業者からは「レジャー施設の中に大型ホテルができる可能性もある。しかも大手観光業者の進出だから、湯布院の生き方まで左右されてしまう」と警戒心を強めました。

岩男町長の実弟で「考える会」会長の岩男彰さんは、完全に板挟みの状態。会長辞任を漏らされたのも、このときでした。

「考える会」の中での反対意見に、岩男町長も反論しました。「これは健全な施設で、町の観光開発に大きく寄与する。自然環境を生かした保養とレクリエーションが売りものの湯布院のイメージアップになる。別府などにある娯楽本位の俗っぽい観光施設づくりではなく、町の自然破壊や観光地湯布院の阻害になるようなものではない」

私たち観光業者と岩男町長との長い蜜月時代に、ついに亀裂が生じました。

自然環境保護条例

ファームタウン計画をめぐる「明日の由布院を考える会」での白熱した討論会は機関誌『花水樹』で実名入りで掲載されました。「考える会」としての結論は出ませんでしたが、「条件付きなら賛成」が大半。つまり、無条件なら反対というわけです。しかも、中谷健太郎さん、志手康二さん、私の三人は岩男頴一町長のワンマンぶりを批判する発言をしており、岩男町長も頭が痛かったことでしょう。

西日本新聞の当時の大分総局長・吉原好明さんと岩男町長が対談した記事があります。

吉原総局長　「若手有志が随分反対していましたが」

岩男町長　「『花水樹』でたたかれましたよ。あの雑誌は町から補助金を出しているんですよ。それなのにたたかれたんじゃ引き合わない」

岩男町長は反対住民の声に「眠られぬほど考えた」と苦しい胸の内も披露されています。そして、画期的な方法を考えつかれました。「全部売ってては会社のいいままに使われてしまう」として、開発業者が要求した土地の大部分を売らずに、賃貸にしたのです。そして、会社側と確約書を締結しました。前文でこう強調しています。

「美しい自然とすぐれた環境を維持するという町の方針に従い、開発事業は事前に町の承認を得ることとする」

確約書の細部では、建物一つ建てるにも、外観や屋根の色を塗るにしても、町のチェックが必要という厳しい条件を付けたのです。日本列島は開発ブーム一色に染まっていた時代。業者にこれだけ制限を設けたのは初めてのことでした。

「美しい緑、きれいな空気、湯布院の恵まれた自然環境を生かしながら、住民の生活向上のための観光開発を進めるとすれば、これしか道はなかった」と岩男町長は胸を張りました。

この確約書が下敷きになり完成したのが、一九七二（昭和四十七）年六月に制定された

「自然環境保護条例」です。開発面積が千平方メートルを超えるものに届け出を義務付けて、違反者に罰金を科すことが明文化されています。行政側がより強い姿勢を取れる「許可制」ではなく「届出制」の紳士協定で、売る側にも規制はないのですが、この時代においては全国に先駆けた条例として注目されました。

湯布院町は、この後も何度も大型開発の波にさらされます。最初の法律的な「防波堤」が、この自然環境保護条例でした。

牛一頭牧場

大手資本による大型開発の波が由布院に次々と襲いかかってきました。減反政策や後継者問題で苦しむ農家の心が、大きく揺り動かされます。重労働の農業を続けるより、開発工事の現場で働いて賃金を得たり、土地そのものを売り払って多額の現金を手にした方がいいと考える人が多いことが、「明日の由布院を考える会」の議論の中でも明らかになりました。

田んぼを耕す役牛は、機械化の進展で激減していました。牛を手放した農家にとって、野焼きなどで手間のかかる牧草は不要です。原野となって放置されると地域資源としての価値もなくなります。そこに開発業者の手が忍び寄ってきたのです。

「考える会」のメンバーの近藤和義さん（前大分県議会副議長）が窮状を訴えました。「オレたちの生産現場もなくなるが、観光のあなたたちも草原は必要だろう」。お互いの利害は一致しました。「牛がいれば牧野を売らずに済む。景観が守られる」

こうして一九七二（昭和四十七）年秋に始まったのが、「牛一頭牧場」です。「別荘主になるより、牧場主になりませんか」がキャッチコピー。都会の人に子牛一頭を二十万円で買ってもらい、農家が五年間飼育。一年に一度は自分の牛に会いに来てもらって交流会を催す。そして、当時は利子が八パーセントでしたから、米一俵分（一万六千円）をオーナーにお送りする、というアイデアでした。

ところが、二年後に農林省（現農林水産省）から「それは食管法違反になる」とクレームがつきました。畜産業に大きく貢献していると思っていただけに、ショックでした。

翌年、国土庁から副知事として大分県に戻られたのが、後に知事となられる平松守彦さん。アイデアマンで行動力抜群という評判を聞き、中谷健太郎さんと高級ブランデーを持って副知事室を訪ねてお願いしました。すぐに、中央官庁と交渉していただき一件落着しました。

知事になられた後、牛が百頭を突破しました。農家の方が「感謝状を差し上げたい」と言います。しかし、県の役人から「農民が知事に感謝状とは失礼だ」と、またクレームです。では「一番喜んだ牛から感謝状を渡したい」と言うと、平松さんは大喜び。牛の鼻紋つきの感謝状を受け取ってくださいました。

この一件以来、平松知事と由布院は固いきずなで結ばれていきます。

サファリパーク計画

「一坪二百円⁉」。大手開発業者の本社役員が驚きの声を上げたそうです。「ケタが違うだろう？」。湯布院町の土地を調査していた現地スタッフに問いただし、間違いじゃないと分かると、色めき立って指示しました。「全部買い占めろ！」

一九七二（昭和四十七）年七月、田中角栄さんが首相になると、「日本列島改造論」の嵐が全国に吹き荒れました。湯布院町も例外ではありませんでした。開発業者が次々と乗り込んできました。

「明日の由布院を考える会」のメンバーで畜産農家の近藤和義さんが当時の事情を覚えています。「牛を飼っていない農家にとって、原野は価値がない土地。一坪二百円でも、膨大な土地だから権利者に入る現金は年収の何倍にもなった。景観は湯布院町の大切な地域資源なのに、その時は気付く人がいなかったのです」

七三年、由布院はサファリパーク計画で大騒ぎとなりました。ファームタウン計画と同じ大手資本で、原野を買収して日本初の自然動物公園を造るというのです。由布岳に近い雨乞牧場がその有力候補地でした。

岩男頴一町長が強く誘致運動を展開しました。反対派の中心人物だった中谷健太郎さんや私に「英国のサファリパークが素晴らしかったんだ。おまえたちの視察費用も会社に出させるから見に行って来い。誘致したら地域の活性化になるから」と説得工作をされました。

町は分裂しました。農家は牛を飼っている人と原野を売りたい人とで対立。計画地の下流地域は動物園の廃水を心配して反対。旅館組合も分裂しました。「大型観光施設を、狭い由布院に持ってくるのは間違い」と自然保護の観点から訴えるわれわれに対して、大部分の旅館は「食える旅館はいいが、弱小旅館はサファリの観光客が欲しいのじゃ」と全面対立。芯から疲れる日々が続きました。

最後は、森山義行さん、小山定三《おやまやすみ》さんの二人の地元農家の頑とした態度がこの問題に決着をつけました。「ライオンが来ても、おれはここに牛を放つ」

近隣の安心院《あじむ》町（現宇佐市）にも、別の業者によるサファリパーク計画があり、結局は宮崎県佐土原町（現宮崎市）に計画を変更して開園しました。しかし、テーマパークとしての魅力が薄れて経営不振に陥って、八六年に閉園。現在はゴルフ場となっているそうです。

新聞記者になる

本書の中で、多くの西日本新聞の記事を引用してきました。本紙での連載ですから当然ですが、実は私も西日本新聞の記者だったのです。

肩書は湯布院通信部の嘱託通信員。当時、大分県内の取材拠点は、大分総局の下に別府、中津、日田、佐伯、玖珠《くす》の五支局があり、さらに臼杵《うすき》、宇佐、高田、杵築《きつき》、姫島、国東《くにさき》、竹田、久住《くじゅう》、湯布院の九つの通信部がありました。記者専業の通信員もいましたが、私は旅館業を兼ねての記者。事件、事故を追う記者とは違って、仕事と町づくり活動の合間を縫って、九重の山々の季節写真を中心にした、「スケッチもの」といわれる記事や写真を送っていました。

記者になったのは、一九六八（昭和四十三）年。当時の大分総局キャップの原田秀穂さんとの再会がきっかけでした。私が日田市立博物館の研究員時代、原田さんは日田支局に勤務。取材や登山を通しての知り合いでした。その後、原田さんは福岡本社の勤務を経て大分総局に転勤。旧交を温めに総局に行った際、「通信員をやってよ」と頼まれたのです。博物館時代、自然観察に関する記事を新聞に書いていましたから、すぐに引き受けました。書いた記事の見出しや写真の大きさで業績手当が決まる契約でした。そこで覚えたのが、横写真より縦写真の方が必然的に新聞での扱いが大きくなるから、より高い手当が出るということ。でも、原稿料の請求がめんどうでしたし、記事で生計を立てているわけでもないので、ほったらかしていました。

また、風景写真でも、人物を入れて生活感を出さないと新聞のニュースとしては価値がないことを知りました。記者としての体験や知識は、新聞社がどんなニュースに飛び付くかが分かり、由布院の町づくり運動の発信に大いに役立ちました。

そのころの「玉の湯」は、大分総局の忘年会の定宿でした。若い記者と飲み明かして愉快でしたよ。もちろん、ちょっとしたサービス付き。他社の記者から「西日本はいいなあ」ってうらやましがられたそうです。

新聞社在籍期間は、八〇年三月までの十二年。最後の日は本社で当時の編集局長の宮田弘司さんから感謝状をもらいました。谷川義行さん、滝口凡夫さん、吉原好明さん、坂井美彦さん、稲積謙次郎さん、花田衛さんと六代の大分総局長にわたって仕えました。

記者としての知恵

西日本新聞の通信部記者時代で記憶に残る事件の一つが、暴力団に対する抗議運動です。一九七〇（昭和四十五）年、放免祝いを巡る事件の詳細は既に話した通りです。私から第一報を受けた原田秀穂さんは、その時はデスク。「抗議の姿勢を示すなら、商店街のシャッターを閉めればいい」と、アドバイスしてくれました。住民側の議論でも同じ結論となり、行動を起こしました。後に原田デスクは「本当にやるとは思わなかった。勇気ある人たちだ」と驚かれたそうです。

「抗議行動は午後二時から」という時間設定は、新聞記者としての知恵です。放免祝いは正午すぎからでした。しかし、その時間だと夕刊の締め切り時間が一番遅い地元紙が有利になります。全マスコミに一斉に報道されないと、反暴力団キャンペーンの効果は出ません。だから、全社の夕刊の締め切り時間が過ぎた後に行動したのです。

新聞社の実務的な編集権限は、デスクが握っていることも知っていました。各社の知り合いのデスクに電話を入れて腹を探りました。「〇〇新聞は社会面の四段だそうです。お宅はもっと大きく掲載できますよね。町を守るために、よろしく」とマスコミ対策もしました。その成果が出たかは分かりませんが、各社とも大きく取り上げていただき、由布院の潔癖性を全国に売り込むことができたのです。

後に始まる「牛喰い絶叫大会」の広報活動も、新聞社にいた経験が生きます。記者は数字にうるさく、いいかげんな発表では相手にされません。大会の信用にかかわりますから、参加者数や牛肉の重さなどはきちんと整理して発表しました。

絶叫大会は例年、祝日の「体育の日」にあるイベントです。普段は記事を書くためすぐに会社に帰る記者も、家族サービスで大いに楽しめる。ついでに、「センスのいい記事書いてね」とお願いするわけです。うまい牛肉をごちそうになった分、みなさん頭をひねってくださり、全国にPRしてくれました。

数年前、長女で「玉の湯」社長の桑野和泉が西日本新聞が行っていた「九州21世紀委員会」の会議に出席した際、「溝口さんに返却します」と「湯布院通信部」の看板をもらってきました。看板を見ると、記者時代の思い出がよみがえってきました。

七五年春、記者としても最大な出来事に遭遇しました。文字通り、由布院が足元から大きく揺れ動きました。

大分県中部地震

「ドーン」。突き上げられるような大きな衝撃。続いて激しい横揺れ。寝ていた私はどうしようもありませんでした。花瓶やつぼが転がって割れ、棚からあらゆる物が落ちてきました。

一九七五（昭和五十）年四月二十一日午前二時半。大分県中部地震の発生です。真っ暗闇の中、外に避難しました。深夜でしたから、幸い火災は起きていません。周囲を見渡しても倒壊した建物はありませんでした。

懐かしい湯布院通信部の看板を持つ私

西日本新聞に送信した九重レークサイドホテル倒壊の写真

マグニチュード六・四の直下型地震でした。大分市、阿蘇山で震度四と発表されました。震源地に近かった九重《くじゅう》町や湯布院町では震度六程度だったとされています。「玉の湯」は前年から大改修工事をして新築したばかり。建物に関しては、新しいお風呂に亀裂が入っただけで済みました。古いままの建物だったら、もっと大きな被害が出ていたかもしれません。まずはひと安心です。

「お宅は大丈夫ですか?」。さっそく、西日本新聞大分総局の大森敦博デスクからの電話がかかってきました。「九重レークサイドホテルが倒壊したとの情報です。すぐに写真を撮ってきてください」との指示で、カメラを持って現場へ直行。しかし、九州横断道路は料金所が倒れ、道路はずたずたに寸断された状態。現場までたどり着くのが大変だった記憶があります。

ホテルに到着して目を疑いました。大分国体の際に天皇・皇后両陛下が宿泊された由緒ある鉄筋四階建てのモダンなホテルが真ん中から無残につぶれているのです。窓ガラスは粉々に割れて飛び散り、柱は「く」の字に折れ曲がっています。宿泊客がケガしただけというのが、信じられないくらいの惨状でした。

自宅に帰り着くと、大分総局の佐伯知英記者と別府支局長の寺西紀元太記者らが写真を送る電送機を持ってきて合流しました。地元のカメラ店で私が撮影した写真を現像して送信。当日の夕刊一面に掲載されました。数日間は「玉の湯」は西日本新聞の取材前線基地となります。

長女の桑野和泉は当時、小学五年生。あんな大きな地震にもぐっすり寝たままでした。朝起きて、部屋中に本などが散乱していることにも「飼い猫が暴れて落とした」と思ったそうです。わが子ながら、その大物ぶりにあきれました。

山間部での地震だったために、死者がいなかったのが幸いでした。しかし、翌日。由布院観光は大ピンチに陥ります。


「由布院壊滅」⁉


「由布院の旅館は地震でつぶれたのでしょう。予約はキャンセルします」「余震も怖いし、旅行は中止します」

大分県中部地震から一夜明けた朝。宿泊予約していたお客さまからのキャンセル電話が由布院中の旅館に殺到しました。無理もありません。新聞、テレビでのニュースは恐怖心をあおる見出しと映像で埋め尽くされていたのですから。

「ホテルつぶれる　被害続出」「恐怖！　口もきけぬ泊まり客」「大地裂く自然のキバ」

そのころテレビドラマで放映されていた小松左京さんのSF小説のタイトルに重ねて「〝日本沈没〟そのまま」とセンセーショナルに報じたマスコミもありました。

決壊した九州横断道路の復旧に数カ月かかったのは、事実です。一部の旅館で建物が傾いたところもありました。しかし、ほとんどの由布院の旅館の被害は軽微でした。それでも、鉄筋建築のモダンな宿舎として人気があった九重レークサイドホテルが無残に倒壊した写真や映像を見た人々は、木造建築の多い由布院の旅館は軒並みつぶれたと思い込んでしまったのです。

一九七〇（昭和四十五）年から始まった国鉄の「ディスカバー・ジャパン」の観光キャンペーンは、個人旅行の拡大に大きく貢献しました。特に、「アンノン族」と呼ばれた若い女性の個人旅行スタイルが確立され、由布院も注目されます。しかし、七三年の第一次石油ショックの影響で、再び観光客の足が遠のき、このころの「玉の湯」の集客率も、今の半分以下の四割程度。平日はお客さまがいない状態が続いていました。

こうした状況の中で、地震の追い打ちです。このままでは、由布院観光そのものが本当に壊滅してしまう大ピンチに直面したのです。災害復旧補助金などの名目で、被災地の観光協会に百万円が出ました。その金で九州横断道路沿線の協会は、「被害は軽微で大丈夫」と新聞やテレビに広告を出しました。しかし、それくらいの宣伝広告ではたかがしれています。

われわれは考えました。「由布院盆地は健在なり」を全国に発信するには、やはりマスコミに取材されるような話題づくりが必要です。それも大至急。しかも単発ではなく、波状攻撃で行うことが重要でした。
　こうして、由布院を代表するイベントが次々と考案されていったのです。

七の章　発信するまちへ

愛馬「タマちゃん」の御者を務めて
辻馬車を走らせる私

辻馬車走る

のどかな田園風景。由布岳を悠々と眺めながら散策する観光客。由布院健在をアピールするには、このイメージで売り込むことに決めました。ヨーロッパでのんびり走っていた馬車がヒントでした。

「悠々とだったら牧場に牛がいくらでもおる」

「牛は牛歩で前に進まんぞ」

「馬ならどうだ」

「大きな馬は扱えん」

私の知人で大分県農政部次長だった梅木国司さんに相談しました。「小さい馬なら長崎県の対馬に対州馬《たいしゅうば》がいる。長崎県庁に知人がいるから紹介する」

さっそく対馬へ飛びました。通称は対馬馬《つしまうま》。背高一・三メートルで性格は従順です。観光協会が一頭、中谷健太郎さん、小野和俊さん、冨永岩夫さん、そして私の四人の旅館の主人も購入。それぞれが馬小屋を旅館の空き地につくって調教を始めました。

しかし、なにせ野生馬。日出生台《ひじゅうだい》まで馬を連れて行き、馬車の経験がある農家の人と一緒に調教しました。しかし、荷を引いた経験もない馬を訓練するのは大変です。小型馬でも暴れると手に負えません。私は、父が獣医師で馬の扱いは慣れていましたが、中谷さんは二度も振り落とされてしまい、それっきりあきらめてしまいました。

馬の脱走劇にも泣かされました。夜中、木製の小屋をけ破って逃走。仲間の馬小屋も壊して、連れだって逃げたのです。「おまえのところの馬が跳ね回っている」「公園で寝転がって花畑を荒らし回っている」。苦情殺到です。それでも、どうにか懐《なつ》いてくれて格好がつきました。馬車は加藤自動車整備工場で軽トラックを解体して、ほろ馬車風に改造。六人乗りの馬車として完成しました。

辻馬車を走らせるまでの悪戦苦闘ぶりを、福岡のテレビ局KBCの川西到報道部長と山田龍蹊ディレクターらが取材。「田園、まさに荒れなんとす」とのタイトルのドキュメンタリー番組（三十分）を制作し、土曜日の昼前に全九州に放送していただきました。また、各マスコミにも大きく取り上げていただき、所期の目的だった話題づくりに成功しました。

地震から二カ月半後の一九七五（昭和五十）年七月一日。辻馬車が遊覧を開始しました。由布院の名所旧跡を一時間半かけて巡るコース。パッカパッカと田園に馬の蹄《ひづめ》の音が響き渡りました。「由布院は健在なり！」。堅実で力強い足音でした。

御者で情報収集

辻馬車を走らせた最初の二年間は、私自身も御者《ぎょしゃ》をしました。対馬から買い付けた愛馬の「タマちゃん」とコンビを組んで、エルメスのジーンズと、ボルサリーノのハンチング帽。この姿で女性誌の『アンアン』や『ノンノ』にもよく掲載されて、地震後の由布院の健在ぶりを随分宣伝したもんです。

馬の習性として途中で水を飲みたくなります。そこで、神社やお寺の前に水場を設けました。馬が休憩している間、お客にはお参りしてもらいます。そうした場所を数カ所つくり、無人売店を設置しました。シイタケやナス、トマトなどの特産物を置き、空き缶に料金を入れてもらうのです。

お客は乗車記念のお土産に田舎の野菜を買って行きます。スーパーでは売り物にならないような曲がったナスでも、「珍しい」と喜ばれて売れました。農家にとってもありがたい現金収入で、辻馬車をきっかけにして農家と観光業者とのきずなを深めるよい機会にもなりました。

無人売店の料金缶が盗まれないことも、都会の人には珍しい。馬車が近づくと、地元の車が避けてくれる。それで、「優しい町」のイメージが定着しました。辻馬車を通じて、

「のどかな由布院」という物語が出来上がったのです。

当時、私は観光協会長でした。「昨夜の宿はどうでしたか」と、お客さまに質問すると、まさか私が観光協会長で旅館の主人だと思ってませんから、「料理がまずかった」とか「雰囲気がいまひとつ」とか、本音をしゃべってくださいました。産業スパイのような気分でしたね。それで、「あなたの旅館で不愉快なことがあったらしい。至急手を打った方がいいよ」とか、「従業員のお世話がとても良かったらしい。褒めてあげればやる気が増すのでは」と旅館仲間の主人に忠告したり、アドバイスに役立てていました。

コース一周一時間半もありますから、由布院観光についてのお客さまの意見をじっくり聞くことができました。こちらも由布院の素晴らしさを宣伝できる大きなチャンス。例えば春には、「紅葉に染まる秋の由布院はいいですよ」と言ったり、「ホタルがきれいですよ」と、違う季節の良さを売り込むのです。そうして、リピーターをつくっていくことにも成功しました。

辻馬車が走り出して三十年ばかり。「癒やしの里」のシンボルとして、すっかり定着しました。

辻馬車から後継者

軽トラックの改造馬車で始まった辻馬車。現在の客車は、ＪＲ「ゆふいんの森」号や、九州新幹線８００系電車「つばめ」で有名な水戸岡鋭治さんのデザインです。製作は皇室や国会議事堂の家具などを手掛けている戸沢忠蔵さんが担当し、豪華さを誇っています。馬も小型の対州馬からヨーロッパ系の大きな馬になり、十人乗りの馬車が一日最大十五往復しています。

御者は三人。中でもユニークな存在が佐藤宏信さんです。一九九八（平成十）年、高校卒業後に上京しますが、遊びすぎて一年後に親に連れ戻されました。そこに、高校時代に馬に触らせてもらったことがある辻馬車の御者、荻忠廣さんが「オレの後を継ぐ約束だった」と、何げなく交わした会話を覚えていて、家を訪ねてきました。

荻さんは高齢のため、御者を引退していましたが、後継者探しに必死でした。佐藤さんも決心します。「都会の生活は孤独だった。ふる里で生活するのも楽しいかもしれない」

新しい馬を購入して、荻さんから特訓を受けます。馬に引きずられて、乗用車との間に挟まれたこともあったそうですが、二〇〇〇年の夏に二十歳の御者としてデビューしました。

奥さんの恵子さんは東京の人。観光で由布院に来たとき、アフロヘアーで御者をしていた佐藤さんに一目ぼれして、二年後に結婚しました。今は三人の子どもがいます。驚くのが、「二頭の馬の世話に時間がかかるし、馬の状態をいつも知っておきたいから」という理由で、馬小屋で家族五人で暮らしていることです。馬に対する愛情は半端じゃありません。

当初は町づくりに興味はなかったそうですが、毎日、辻馬車を走らせているうちに考えが変わってきました。「最近、田んぼがどんどんなくなって観光バスの駐車場などになっています。由布院と関係のないお店もできては消えるという状態で、住民のコミュニティーも希薄になっている。自分たち若い者が、危機感を持ってもっと町のことを考えないといけない」

由布院温泉観光協会の最年少理事として、本格的に町づくり運動にも参加。もちろん、辻馬車の御者として巧みな話術も身に付けられ、金髪御者の佐藤さんを指名するリピーターも多い人気者です。

由布院を守るために始めた辻馬車から、将来楽しみな町づくりの後継者が誕生しました。

星空の下の小さな演奏会

ヨーロッパ旅行の際に、公園で行われていた小演奏会。「美しいクラシックの調べで、地震の風評被害を吹き飛ばそう」。田園に辻馬車を走らせるのと同時進行で、音楽祭の企画に取りかかりました。

これには、由布院を誌面で応援していた大分県のオピニオン雑誌『アドバンス大分』の編集長、三浦祥子さんが貢献されます。FM東京の音楽番組構成作家だった三浦さんの事務所のボスが、音楽評論家の保柳《ほやなぎ》健さん。三浦さんを通じて保柳さんに相談すると、九州交響楽団のコンサートマスター岸辺百百雄《ももお》さんを紹介していただきました。

中谷健太郎さんが交渉に行かれましたが、運命的な出会いでした。実は、岸辺さんたち九響のメンバーは地震で倒壊した「九重レークサイドホテル」で夏合宿の予約を入れていたのです。途方に暮れているところに、われわれの誘い。中谷さんが「宿は提供します。おいしい食事もうまい焼酎もあります。一晩演奏してください。その代わり、ギャラはありません」と強引に出演交渉。「音楽の根っこは地方にありますから」と岸辺さんは快諾してくださいました。

一九七五（昭和五十）年七月。月星化成（現ムーンスター）さんが、由布院に持っていた保養所の庭を提供してくださいました。岸辺さんが弦楽器の仲間を率いて演奏。子どもたちも楽団をバックにかわいい歌声を披露しました。聴衆は約百人。満天の星空の下で生ビールを飲みながら行われた第一回ゆふいん音楽祭は、「星空の下の小さな演奏会」と名付けられます。

風が吹いて楽譜が飛ぶので、洗濯挟みが大活躍しました。高湿度でヴァイオリンの弦もすぐに切れました。それでも打ち上げの席で、焼酎を飲んだ岸辺さんは上機嫌。堅物そうだった岸辺さんでしたが「私をモモオと呼んでください。来年もやりましょう」と、由布院を気に入っていただきました。

翌年の第二回音楽祭。野外で行った打ち上げパーティーで、興に乗ったヴァイオリニストがウエスタンなどの激しい曲を弾き回ったのですが、やはり楽器が夜露にやられてしまいました。翌日、ケースを開けるとヴァイオリンの表板がふやけてボロボロにはげて壊れていたのです。

高湿度の由布院では、残念ながら野外演奏は断念せざるをえませんでした。公民館での続行を考えたのですが、行政から「待った」がかかりました。

日本有数の音楽祭に

「一部クラシックファンのために、町の税金で運営している公民館は貸せません」

中谷健太郎さん、志手康二さん、私の三人が公民館大ホールでの音楽祭開催を申請すると、湯布院町役場に拒否されました。「やりたがってる町民はあなたたち三人だけじゃないのですか。観客も町外が多く、地域の文化活動ではない」と、追い打ちです。確かに、由布院にまだクラシック文化は根付いておらず、少数派でした。しかし、健太郎さんが反論に転じました。

「湯布院町一万二千人中の三人は、千二百万人の東京では三千人に匹敵する。三千人が室内楽を見たいのに都庁が拒絶するか、電話をかけて確かめる」

めちゃくちゃな理屈ですが、とにかく許可されました。以来、公民館大ホールが主ステージになります。

運営も観光協会から脱皮します。当時、ゆふいん音楽祭とは別に、町内の若手クラシックファンが「ムジィークフェライン」（楽友協会）を結成して演奏会の誘致活動を行っていました。中心人物が加藤昌邦さん。健太郎さんの奥さん、明美さんの弟です。第六回からは楽友協会が運営をして、実行委員会を結成。加藤さんが実行委員長になられます。

音楽監督も変遷しました。初代が九州交響楽団のコンサートマスターの岸辺百百雄さん、十二回（一九八六年）から室内楽の神様と呼ばれるチェロ奏者の黒沼俊夫さん。「音楽祭と名が付くのは大嫌いだ」と言われていましたが、ノーギャラと知り「おもしろい。気に入った」と引き受けていただきました。

第十九回（九三年）からは東京芸大教授のチェロ奏者河野文昭さんにバトンタッチされ、第三十回（二〇〇四年）から第三十四回まではユーモアたっぷりの話術で人気のチェンバロ奏者小林道夫さんが第四代監督。第三十五回（〇九年）は、河野さんが監督に復帰されました。

日程も初期のころは一晩限りでしたが、今は前夜祭も入れて四日間の大イベント。日本を代表する音楽祭に成長しました。

そうそう、小林さんは第七回から音楽祭に参加されていますが、〇二年に由布院に引っ越してこられました。「健康にもいいし、それに由布院の雰囲気は音楽の創造力を膨らませてくれるのです」。すっかり由布院人になりきってしまわれました。

手作りにこだわる

二〇〇九（平成二十一）年で三十五回目を迎える「ゆふいん音楽祭」。いろんなハプニングもありました。

　ゴルフ場のクラブハウスで行った演奏会では、クーラーをつけると音がうるさいので、窓を開放。小林道夫さんがヴィヴァルディを演奏し、荘厳なムードに包まれたときです。チェンバロの真上の天井に隠れていたセミが突然激しく鳴きだしたのです。小林さんは演奏を中断し、ニッコリとほほ笑まれました。「これが本当のセミクラシック」

　大きな蛾《が》が飛び回ったときには、最前列の観客がパンフレットで「パーン」とたたき落とし、拍手喝采ものでした。大雨が公民館のトタン屋根に降りつけてうるさかったことも。しかし、「これぞショパンの雨だれ」と参加者のジョークで場がなごんだこともありました。

　音楽祭や映画祭に初めて来られた人は、公民館の大ホールを見てみんなびっくりします。「これがあの有名な音楽祭の会場⁉」。老朽化が著しく、防音装置も十分ではありません。私は音楽祭の代表を務めていますから、ずっと音楽ホールの新築を訴えてきましたが、いつものように行政は動いてくれません。

　バブル景気の時です。大企業がスポンサーになり「国際音楽祭」にしないか、と打診がありました。その流れで世界的に著名な日本人指揮者が由布院に来られ、外国の一流演奏家を呼ぶことも可能だと言われました。

　音楽祭実行委員長の加藤昌邦さんが、由布院の住民がどんな思いで音楽祭を育ててきたかを説明しました。すると、黙って聞いておられた指揮者の奥さんが「あなたがかかわると、由布院の良さがなくなるわ」と漏らされました。「あっ、そうだね」。一瞬考えられた後、指揮者もわれに返った顔になり、それでその話は終わりました。

テレビ局から多額な制作費を提示されたこともあります。実現すれば、金をかけた派手な音楽祭を開催することができたでしょう。しかし、バブル崩壊後に企業も行政もスポンサーを降り、数多くのイベントが空中分解しています。イベント会社も撤退して、運営のノウハウすら残っていないはずです。

「ゆふいん音楽祭」は手作りにこだわり続けました。企画会社を通さず、町内外の音楽好きの約五十人の実行委員会のボランティアの力で運営しています。映画祭でもそうです。町づくりと同じやり方を貫いたからこそ、生き残ったのです。

登竜門

世界中で活躍している有名な演奏家が、「ゆふいん音楽祭」に出演しています。二〇〇八（平成二十）年の第三十四回音楽祭は、四日間にわたって十三人の演奏家とコーラスグループが参加。音楽監督の小林道夫さんと前監督の河野文昭さんが日程を調整して、東京で集中的にリハーサルも行っています。こんな豪華キャストの出演料が基本的にノーギャラだと言うと、みなさんは「ウソでしょう」と疑われるでしょうね。

実際は若手演奏家に数万円、高名な人にはその倍くらいは出してはいます。でも、わずかな金額ですから、それをも寄付してくださる演奏家が大半なのです。だから、やはりノーギャラだと言った方が正しいですね。相場通りのギャラを払えば、演奏家二、三人分で予算が全部吹っ飛んでしまいます。

宿泊代、飲食代は実行委員会がもちます。航空会社の協賛で数人分の航空券も手に入ります。金額的には、由布市の助成金四十五万円が最高で、観光協会や旅館組合、商店などのカンパ。あとはチケット収入で、全体的な予算は約五百万円。そんな財政状況ですから、ポスター、Tシャツ、パンフレット作りなどは、実行委員会のメンバーのボランティアで行っています。

「室内楽を勉強する上で、由布院は私にとって理想的な場所でした。由布院に留学したような気分を味わいました」

出演された若き才能のある長岡聡季《さとき》さん（ヴァイオリン）が、打ち上げパーティーで感慨深げにあいさつされました。小林さん、河野さん、川崎和憲さん（ヴィオラ）などのベテランの音楽家と数日間も同じ場所で演奏できることは、若き演奏家にとっては大きな勉強の場となっているのです。

事実、若手ヴァイオリニストの大森潤子さんや、弦楽四重奏団「クァルテット・エクセルシオ」などは、「ゆふいん音楽祭」に出演した後に世界的なコンクールで上位入賞を果たされました。彼らにとって「由布院」は、一流になるための登竜門になっているのです。

大分県中部地震をきっかけに始まった音楽祭は、長い歳月を経て日本有数なイベントに成長しました。由布院に流れるクラシックの調べが、演奏家と聴衆の心を優しく包み込み、ここでなければ生まれない音楽空間をつくりました。その土台になったのは、由布院という土地へのみなさんの愛情だったのだと思います。

牛喰い絶叫大会

「辻馬車」「音楽祭」と仕掛けたイベント攻勢はまだまだ続きます。一九七五（昭和五十）年十月十日、「牛喰い絶叫大会」を行いました。

きっかけは、三年前に始まっていた「牛一頭牧場」でした。当初、牛のオーナーと畜産農家が旅館で交流会をして、すき焼きを楽しんでいました。その席で「牛のおかげで原野が残ったのだから、牧場でバーベキューをしたら、さぞうまかろう」という話になりました。

並柳《なみやなぎ》牧場に下見に行き、由布岳に向かって「ヤッホー」と叫ぶと、こだまが返ってきました。放牧の牛も一斉にこちらを振り向いて集まってきます。中谷健太郎さんがひらめきました。

「ドーバー海峡で絶叫大会というのをやっているらしい。由布院でやってはどうかなあ」

健太郎さんのアイデアを実らせるのが私の役目です。ただ叫ぶだけでは能がありません。競技として本格的にやりたい。測定機が欲しい。当時、そんな機械を持っているのは公害対策をしている県庁だけ。民間の私たちに無料で貸してくれるはずがないので、岩男頴一さんの後に町長になられた清水喜徳郎さんを口説いて、県に頼んでもらいました。

続いて、町長に「町長賞も出してください」、町議長に「議長賞もお願いします」と強引に誘い込みました。由布院駅長、商工会、旅館組合、観光協会、農協からも賞金や賞品を集めると、かなりの額になりました。賞金目当てに参加者も大勢来て交通渋滞になるかもしれません。そこで、警察署長にも来てもらい、交通整理もやってもらいました。

こうして、健太郎さんが冗談で言ったようなアイデアは、官公庁をも巻き込んで大まじめで、かつ愉快なイベントに体裁を整えたのです。

絶叫大会にはさらにすてきな計画がありました。優勝者にヨーロッパ行きの航空券を贈呈。ドーバー海峡絶叫大会に日本代表として送り出す予定でした。航空会社から無料チケットの提供も了承済み。ところが、ドーバー海峡絶叫大会は一年限りで中止され、残念ながら優勝者は「幻の日本代表」になってしまいました。ユーモア好きのヨーロッパ人でさえ、ばかばかしく思えてやめたのでしょう。

発祥の地では廃れてしまったイベントですが、由布院の地では大まじめに、そして楽しく、「日本元祖　牛喰い絶叫大会」として引き継がれています。

湯布院牛が力の源

「お小遣い減らしま～す。恨むならサブプライムを恨んで！」「オレの年金記録を返せ！」二〇〇八（平成二十）年の牛喰い絶叫大会で飛び出した叫び声です。最も大声で叫んだ人が「絶叫大賞」に輝きます。過去数人しかいませんが、百二十デシベルを超えた人もいます。飛行機のエンジン近くの騒音と同じですから恐れ入ります。

叫んだ内容に応じて、「舌賛賞」「ストレス発散賞」「さわやかで賞」「ガキ大賞」などの賞もあります。私も毎年、審査委員を務めて、大いに笑わせてもらっています。

初期のころは、「ワアーッ」とか「オーッ」とか原始的な叫びが中心でしたが、世相を反映したり、時代を風刺する絶叫がマスコミに取り上げられると、参加者も増加。今では抽選で大人七十人、子ども三十人の合計百人に絞って実施しています。

過去の絶叫の内容を振り返ると、その時代を思い出します。

「角栄辞めろ！」（一九八三年ロッキード事件一審判決で実刑）

「保険に入れるぞ！」（八四年ロス疑惑事件）

「日本の不況もトルネード旋風で吹き飛ばせ」（九五年野茂英雄投手が大リーグで活躍）
「消費税上げる前に政治家はモラルを上げろ」（九七年消費税が五％に）
「うまい湯布院牛食って平和になれ」（二〇〇一年米国で同時多発テロ）
草原で食べる牛肉は、もちろん湯布院町で生まれ、地元の牧草を食べて育った牛です。昨年は四頭分からえりすぐった二百五十キロの牛肉を振る舞いました。口に含むととろけて、うま味があるのが湯布院牛の特徴。本当においしいですよ。
一九七二年に乱開発から原野を守るために「牛一頭牧場」を開始。畜産農業の振興を図りましたが、年を重ねるごとに絶叫大会の参加者から「湯布院の牛肉はうまい」と大好評です。二〇〇二年にはＪＡゆふいんの肥育試験センターで育った「寿恵福《すえふく》号」が日本一の称号を獲得。さらに、特許庁から「豊後牛」の地域団体商標登録（ロゴマーク）も認められました。ブランド牛として認定される一歩手前まで近づいてきたのです。
牛喰い絶叫大会は、地元で育てた安全、安心な牛肉を地元の草原で食べるのですから、まさに地産地消のイベント。みなさんもおいしい湯布院牛を食べて、日ごろの憂さを晴らすため、叫び倒しに来てください。

祭りの準備

音楽祭ができたから、映画祭もできるはずだ。東宝で映画の助監督だった中谷健太郎さんが実現に向けて奔走します。

一九七六（昭和五十一）年八月に「第一回湯布院映画祭」が開催されます。しかし、その前の三月に「準備会」のような形で映画祭が実現しています。その後の映画祭開催を暗示するようなタイトル「祭りの準備」の上映会がきっかけでした。

この映画は、大手映画会社とは一線を画して低予算で映画を製作していたATG（日本アート・シアター・ギルド）という会社の作品です。ATG映画のファンだった伊藤雄さんや田井肇さんら、大分市在住の若手グループが「大分良い映画を観る会」を結成していました。健太郎さんが、伊藤さんたちと出会い、「祭りの準備」の大分上映会の計画を知ったことが、すべての始まりだったのです。

「その映画に出ている原田芳雄さんは、知人につてがある。舞台あいさつに来てもらおう」。健太郎さんの言葉に、伊藤さんたちは大喜びです。しかも、監督の黒木和雄さん、脚本家の中島丈博さんもが「そんなおもしろい連中がいるなら、飛行機代もいらないから行く」と、快諾してくださったのです。

大分市の東宝ロキシーで行われた舞台あいさつは、大分の映画ファンを興奮させる大事件でした。映画終了後に原田さんら一行は由布院へ直行。「映画を観る会」のメンバー二十数人も一緒についてきて、「亀の井別荘」の直営レストラン「湯の岳庵」で大宴会が始まりました。

俳優や映画監督、脚本家と会うことなんか、夢のまた夢だったのに、目の前に本物のスター原田芳雄さんがいる。黒木さんや中島さんから、憧れの撮影現場の裏話も聞ける。酒の勢いもあり感動して泣きだす者が続出しました。朝方まで誰も帰らなかったそうです。酔っぱらった伊藤さんは、中座して寝ていた黒木監督の部屋の前に行き「もう、寝たかあ黒木。起きろ！」と、何度もわめいたそうです。伊藤さんはその後、映画祭の実行委員長になられますが、その夜の出来事は「狂乱の一夜だった」と自戒の念を込めて回想されます。

「舞台あいさつ」「映画上映」「討論会」、そして「大宴会」。「祭りの準備」の一夜が、「湯布院映画祭」の原型となります。

映画館がない映画祭

映画スター原田芳雄さんらを迎えてのパーティーは大いに盛り上がり、映画祭開催の機運はますます高まりました。

　中谷健太郎さんが東宝の元助監督、健太郎さんの奥さん、明美さんは東宝撮影所詰めの元女優さん、私の家内、喜代子も映画のシナリオライターをやっていました。この三人に伊藤雄さんらの「大分良い映画を観る会」の若手メンバーが中心となって、準備が進められていきます。

　力を貸していただいたのが、映画評論家で当時キネマ旬報の編集長だった白井佳夫さん。白井さんの奥さんの和子さんは早稲田大学で喜代子と同級生。映画研究部の仲間で、その関係で健太郎さんを白井さんに紹介したのです。

　音楽祭実現に向けて九州交響楽団の岸辺百百雄さんを口説いたときのように、上京した健太郎さんが熱弁を振るいます。

「旅費と食事と宿の〝あご足枕〟つきですが、ギャラはありません。ほかにうまい焼酎と温泉の露天風呂があります。出演者や映画制作者、お客が一緒になって月を見ましょう」

　白井さんは苦笑いしながら、引き受けられました。

「金を払ってスターを呼んでサイン会をするとかの話はよく聞くが、おまえさんの言うことは訳が分からない。しかし、分からんが話に乗ってみよう」

　白井さんと映画祭実行委員長になられた伊藤さんらが、上映する日本映画の選定作業を開始。さらに白井さんには役者や映画監督の出演交渉を受け持っていただきました。

そうそう、旧湯布院町には今もそうですが映画館がありません。そのことがかえって幸いしたのです。もし、既存の映画館があったら興行権が絡んでしまい、こうした映画祭は実現していなかったでしょう。

一九七六（昭和五十一）年八月十九日から四日間の日程で、映画祭が始まりました。ゲストには映画監督の斎藤耕一さん、神代《くましろ》辰巳さん、沢田幸弘さん、森崎東《あずま》さんの四人。役者さんは佐藤蛾次郎さん、渡辺とく子さん、杉本美樹さん。評論家では白井佳夫さん、河原畑寧《やすし》さんがいらっしゃいました。

作品は十二本。「仁義なき戦い」「赤ちょうちん」「新幹線大爆破」などバイオレンス映画、青春映画などを上映しました。しかし、「華麗な映像に相乗するもの」とサブタイトルがついた作品三本をめぐって、町内は大騒ぎになりました。

ポルノ論争

「ポルノ映画を上映⁉　何考えているんだ、あいつらは！」

映画祭で上映する三本は日活ロマンポルノの作品でした。プログラムが知れ渡ると、批判の集中砲火を浴びました。

当時、日本映画界はテレビに客を奪われてどん底状態。その中で、日活は低予算で採算

手作りにこだわり、有数のイベントに成長したゆふいん音楽祭

出演者と観客が討論するスタイルが確立した第1回映画祭

が取れるエロ路線に方向転換し一時代を築きました。映画祭実行委員長の伊藤雄さんら二十代前半のメンバーは、時代を反映させる意味で永井荷風原作の話題作「四畳半襖《ふすま》の裏張り」などを選定。神代辰巳監督をゲストに招いていたのです。

大分市在住で由布院とは縁がない伊藤さんたちは、「あいつらはブルーフィルムの業者だ」と、白い目で見られました。私たちも「暴力団締め出しの先頭に立ったあなたたちが……。見損なった」と抗議されました。

会場は音楽祭と同じ公民館の予定でしたが、町会議員を中心に猛反発です。「社会教育の殿堂でやったらいかん」。われわれも「表現の自由」という意地もあり、撤回はしたくない。ここで再び中谷健太郎さんが珍案をひねり出します。

「村田英雄の歌謡ショーを由布院小学校の体育館でやった。あれは大人のショーだ。ポルノも大人の映画ショー。体育館なら服も脱ぐからいいだろう」

めちゃくちゃな理屈です。代替会場が小学校体育館というのも理解に苦しみます。ともあれ、第一回映画祭は無事に上映されました。当日は未成年者が体育館に紛れ込まないように懐中電灯を持って見回りました。

次回以降は公民館でポルノも上映しましたが、第六回のときには伊藤さんたちが事前に許可を取りにいきました。すると、公民館審議委員長だった平岡虎峰さんが「検閲はしない。君たちのやっていることは世間の了解をえている。好きにやりなさい」と理解を示してくださりました。

　こうして、一悶着《もんちゃく》あった映画祭も市民権を持ちました。ただ、八〇年代終盤にはアダルトビデオの台頭で、ポルノ映画そのものが衰退。映画祭で上映されることもなくなりました。

　ポルノ論争の最中、町長から参議院議員になられたばかりの岩男頴一《ひでかず》さんが、脳卒中で倒れて五十七歳の若さで急死されました。最期の言葉が「ポルノはいかん」だったそうです。当時は上映することに意味があると思っていました。しかし、社会教育に熱心だった岩男さんのことを今思うと、心が痛みます。

トラブル続出

「亀の井別荘」の料理屋「湯の岳庵」で延々と続く懇親会。役者や監督を相手に熱く「映画論」をぶつファン。庭では、阪東妻三郎が刀を振り上げて駆け回るサイレント映画の即席上映会。泥酔状態の参加者たちはそれを見て、拍手喝采の大喜び……。

　映画祭は出演者もファンも一癖も二癖もある人が全国から集結します。シンポジウムで興奮し、懇親会で酒を飲むわけです。初期のころはずいぶんトラブルがありました。

　一九七七（昭和五十二）年の第二回映画祭のゲストの一人が、渋味のある演技で一世を風靡《ふうび》した藤竜也さんでした。懇親会で酔っぱらった参加者の一人が藤さんにからんだのです。映画祭実行委員長の伊藤雄さんが止めに入りましたが、池に投げ飛ばされてしまいました。

藤さんが激怒します。「おまえを殺してもオレだけが悪くなるから相撲で決着だ」。取っ組み合いです。幸い、男性は中谷健太郎さんの知り合い。健太郎さんが仲介に入り、温泉に入って手打ちしたそうです。二〇〇八年に藤さんは三十一年ぶりに映画祭に参加されましたが、その話に「若気の至りでした」と苦笑いされました。

八一年の第六回映画祭では脚本家の田村孟さんが懇親会の最中に突然、金鱗湖にじゃぶじゃぶと入っていかれて大騒ぎとなりました。ドラマ脚本家の向田邦子さんが台湾の航空機事故で亡くなった直後のこと。仲間だった向田さんのことを思うといたたまれなくなり、衝動的に金鱗湖に入ってしまったそうです。

シンポジウムで、松田優作さんや萩原健一さん、桃井かおりさんなどの個性派の役者さんに、観客が挑発的な発言をしたこともあります。しかし、さすがに大スター。彼らはジヨークでうまく切り返す技も身につけていました。伊藤さんたちもホッと胸をなでおろされました。

役者さんより、監督さんとの論争が多いようです。作品をけなされた監督が「バカ野郎！　何カ月も考えた映画を、たった一回見ただけで偉そうなこと言うな」と激怒。観客も反論。監督を支持する人も参戦して、大激論。

都会だったらそれでけんか別れです。しかし、観客も泊まりがけの映画祭。夜中は一緒に飲んで、翌日また顔を合わせる。そのうちに両者ともに打ち解け合う。こんなに出演者側とファンとの垣根が低いイベントは、ほかにないでしょうね。

麦焼酎ブームを演出

映画祭によって全国的に知名度が高まって、日本一の座を獲得したものがあります。大分県を代表する麦焼酎がそうです。

映画祭も音楽祭と同じように実行委員会のボランティアによる手作りのイベント。役者、監督はノーギャラで由布院に駆けつけてくれますが、赤字が出た際には実行委メンバーが自腹を切ったこともあります。初期のころ、そうした苦境を知った大分県日出《ひじ》町の焼酎メーカー二階堂酒造の二階堂暹《あきら》社長が協賛を申し入れてくださったのです。

「みなさーん。ちょっとお時間をください。うちは焼酎屋です。なんぼでも焼酎を飲んで、そして持って帰ってくださーい」。懇親会に差し入れられた大量の麦焼酎「二階堂」。酒好きが多い参加者は大喜びです。

映画祭が始まる三年前の一九七三（昭和四十八）年。二階堂さんは全国で初めて麦百パーセントの焼酎づくりに成功されます。そのころの焼酎は「においがくさい」と敬遠されていた時代。しかし、麦焼酎はにおいもなく、酔いざめもよいと大好評。ただ、大分県以外ではまだブームになっていませんでした。そこに、県外からの映画祭の参加者が麦焼酎を知り、口コミで瞬く間に広がっていくのです。

特に役者の佐藤蛾次郎さんは、東京・新橋で経営していた飲み屋に麦焼酎をいち早く仕入れて、都会の人に「うまいだろう」と飲ませました。また、週刊誌の「焼酎礼賛」という特集記事の中で大分県の麦焼酎を大いに宣伝されたのです。

麦焼酎の「セールスマン」として、大分県知事だった平松守彦さんや、大分県出身の元日銀総裁、三重野康さんも有名です。一村一品運動を推進された平松さんは、東京の一流料亭に麦焼酎をぶら下げて訪問。「おかみ、これを置いてくれ」と頼み込まれて販路を拡大されました。三重野さんもことあるごとに「大分の焼酎は最高」と知名度アップに貢献されました。

こうして、今や麦焼酎は大分県の基幹産業へと成長しました。「下町のナポレオン」のキャッチコピーで全国区になった「いいちこ」の三和酒類（宇佐市）は、二〇〇七年の焼酎売上高ランキングで五年連続日本一の座を誇っています。

「麦焼酎」と「由布院」。両者の人気の高まり方は時代的に一致しています。お互いマスコミや口コミによって徐々に県外に知れ渡っていき、今の地位を築いたのです。

継続は力なり

「長年の夢がかないました。いつか湯布院映画祭に参加したいと思っていました。いえ、ゲストでなくて観客としてです。それが、出演者として招いてもらい、舞台あいさつまでした。本当に感動しました」

第三十三回映画祭（二〇〇八年）のパーティーの席で、「しあわせのかおり」に出演された山田雅人さんが感慨深げに語られました。最初は雲をつかむような話で始まったイベントが、今や業界の人にもあこがれの舞台となったのです。

映画の助監督の経験がある中谷健太郎さんによると、湯布院映画祭以前の映画人は、狭い世界でしか仕事をしていなかったというのです。撮影所内部の完成試写会は、全員身内ばかり。クスッとも笑わない。異様なムードで行われていたそうです。

ところが、由布院に来れば直接観客の反応を知ることができます。議論もできて、観客が映画に期待することや疑問などの傾向が分かるというのです。しかも、温泉に入って、おいしいものを食べて、飲んで、騒げる。ノーギャラでも「湯布院映画祭に参加した」ということが、映画人にとってある種のステータスになっていったのです。

湯布院映画祭は、現存する日本の映画祭の中で最も古い歴史があるといわれています。

「映画館がない町での映画祭」としても有名で、「小さな町でも、大勢のスターが集まる映画祭ができるんだ」と地方都市の映画ファンを勇気づけました。

映画祭実行委員の事務所に映画脚本家の桂千穂さんから感謝の手紙が届きました。

「ここ数年、日本映画にも力作や佳作が輩出されるようになりました。これも、あのどん底の低迷期に、わが日本映画を支えてくださった湯布院の貴兄たちのお力の賜物《たまもの》です」

一九九八（平成十）年にはドキュメンタリー映画の秀作を上映する「ゆふいん文化・記録映画祭」がスタート。毎年五月下旬に開催され、映画祭、音楽祭と肩を並べるイベントに成長しました。また、八九年には「ゆふいんこども映画祭」が、二〇〇一年からは「ゆふいんこども音楽祭」もスタートし、地域にしっかりと根付いています。

大分県知事だった平松守彦さんのモットーが「継続は力なり」。大分県中部地震の風評被害を打ち消すために始まったさまざまなイベントも、まさに参加者が懸命に「継続」させたことで大きな実を結びました。

康ちゃんの死

悲しい知らせでした。覚悟はしていましたが、こんなに早く別れの日が来るとは思ってもいませんでした。一九八四（昭和五十九）年五月二十四日。町づくりに奔走してきた同志の志手康二さんが亡くなったのです。五十一歳の若さでした。

康ちゃんは高校三年のときに結核になり、私と同じように十年間も療養生活を送って手術します。その際の輸血に問題があったのでしょう。当時は病原ウイルスは不明だったC型肝炎となり、肝臓がんに進展したのです。同じ時期に私も結核手術の輸血が原因と思われるC型肝炎になり、康ちゃんと一緒に通院していました。ただ、進行が康ちゃんより遅かったため、治療薬のインターフェロンが開発されて完治したのです。

康ちゃんは本当の病名を最後まで知りませんでした。奥さんの淑子さんに「退院したらヨーロッパ旅行をしような」と語っていたそうです。

葬儀には九百人もの弔問客が訪れました。健太郎さんが弔辞を読み上げました。

「ヨーロッパに貧乏旅行したとき、何時間も夢中でしゃべった町づくりの話を思い出します。『借金だらけの男たちがヨーロッパまで来て、何で由布院のことばっかりしゃべらんとならんのかい』と笑いながら、それでも話題は由布院の町のことから離れませんでした。町の方向も、『潤いのある町』として定まったこの二十年間のうねりの要に、康ちゃんはいました」

健太郎さんの声は何度も涙で震えました。同志を失った悲しみでみんなが涙しました。

町づくりの企画は健太郎さん、私が調整役。しかし、人望のある康ちゃんが伝道者として実働部隊の若者を動かしたから、町づくりに成功したのです。その成果が形となって由布院の人気が高まり、康ちゃんの「山のホテル夢想園」もようやく軌道に乗り出したときでの死去。さぞ無念だったと思います。

淑子さんによると、ヨーロッパ視察旅行から帰国した康ちゃんは、一日中部屋に閉じこもって何かを考えていたそうです。そして、一カ月後に苗木を何十本も仕入れて植えました。ドイツのバーデンバイラーで見た美しい森を、「夢想園」の庭に造りたかったのでしょう。

それから四十年近く。康ちゃんの植えたナンキンハゼは大きく成長しました。秋になると真っ赤に紅葉し、由布院盆地を美しく染め上げています。

八の章　由布院憲法

職員に開発申請書の留め置きを指示した長谷川弘さん
（右から二人目）

高層ホテルを規制

「九階建て？　由布岳が見えなくなるじゃないか」

一九八四（昭和五十九）年、部屋数百二十二室、七百人収容の大型会員制ホテルの進出計画をめぐり、由布院が揺れました。建設地は町のど真ん中。由布院名物の朝霧の上に、ホテルの上層部分が頭をのぞかせるいびつな光景を思い浮かべた私たちは、反対運動を展開します。

このころ、旅行形態は変化していました。団体旅行から個人旅行が中心となり、若い女性の観光客が急増。「歓楽温泉地」が敬遠され、安心して楽しめる「生活型温泉地」が注目されました。田舎の風景に加え、辻馬車や音楽祭、映画祭のイベントで付加価値をつけた由布院は一躍人気スポットになりました。

知名度が高まるにつれ、再び県外資本の攻勢が始まりました。ラブホテルの建設計画もありました。その動きに対抗して、八三年にモーテル規制条例が制定されます。学校や病院周辺で規制する条例はありましたが、町内全域を対象にしたのは全国で初めて。由布院の町づくりの理念を強調したものとして注目を集めました。

　そして、今度は大型ホテルの進出計画です。ナイトクラブやゲームコーナーも備えていることから、「歓楽型施設の恐れがある。建設地が温泉の中心源に近く、枯渇する危険性がある」と猛反発。署名運動を展開して六千五百人の賛同者を得ました。一方、商店街を中心にして誘致運動も展開されました。「雇用促進や経済の活性化につながる」として、三千人の賛成署名を集めたのです。町を二分する大論争に発展したのです。

　結局、建設業者側がビルの高さを九階から五階に変更（最終的には四階）し、ナイトクラブなどの歓楽施設も造らないことを約束して決着しました。

　この一件を契機に、「住環境保全条例」が制定されます。「自然環境保護条例」（七二年）は千平方メートル以上の広さに対する開発規制でしたが、さらに一定の高さ以上の施設建設も対象にした規制条例です。そして、事業者に事前環境影響調査をさせ、町長への事前協議、周辺住民への事業内容の事前公開を義務付けました。全国的にも画期的な条例で、高層ビル開発に歯止めをかけるものとなりました。

　ところが、八〇年代後半――。日本中で株と土地の投機熱が一気に加速しました。バブル景気の到来です。由布院は最大の危機に直面しました。

一反が一億円に

湯布院町の役場窓口に、連日できる不動産業者の列。マンションや分譲別荘地の開発申請書が次々と提出されてきました。町職員がその戸数を調べて悲鳴を上げました。

「開発申請の部屋数が、町と同じ世帯数の三千六百部屋!? これでは、もう一つの町ができてしまう!」

一九八七(昭和六十二)年、バブル景気を背景にしてリゾート法が制定されると、日本中に大規模開発の嵐が吹き荒れました。人気観光地の湯布院町に、県外の大手資本が猛烈な勢いで攻め込んできたのです。

町には「自然環境保護条例」と「住環境保全条例」があり、厳しい広さ、高さ制限で乱開発を防いできました。しかし、マンションのような集団住宅や分譲型別荘は、これらの条例の規制外だったのです。

背景には、生活が厳しくて後継者不足に悩む農家の窮状がありました。そこに、空前の土地価格の暴騰が、農地売りのスピードに拍車をかけました。九〇年に町の商業地の地価変動率は前年より五十四パーセントも上昇。農地も五年前には一反(約千平方メートル)五十万円前後だったのが、この年には一反一億円にまで跳ね上がっていました。

大手不動産業の社員が「玉の湯」を定宿にして、農地の買い付けにきていました。その社員が嘆きます。「部屋のセーフティーボックスにバッグが入らない」。中身は大量の札束でした。

「田んぼは売らん。緑は町の宝じゃ」。「明日の由布院を考える会」の産業部会長も務めた農家の佐藤清隆さんが、不動産業者からの現金十億円の提示を拒否しました。しかし、札束の塊を見た大勢の人は、誘惑に負けました。自然が次々と売られるのもつらかったですが、人の心までも買われていくのに背筋が寒くなりました。

リゾートマンション密集地の新潟県の越後湯沢温泉地に視察に行きました。数十棟の高層マンションが無秩序に乱立し、悲惨な景観でした。上越新幹線が通り、アクセスが便利なことから、所有者はほとんど首都圏在住者。「東京都湯沢町」の異名が付けられていました。しかし、滞在は週末だけ。平日はゴーストタウンと化していました。

「潤いを求める人が住む町ではない。湯布院を守らないといけない」。しかし、法律的には防ぐ手だてはありません。湯布院町はバブルに食いつぶされる寸前でした。

突き返された条例案

「申請書類はできるだけ役場に留めておくんだ」

湯布院町役場にリゾートマンションや別荘の開発申請書が殺到する中、企画課長の長谷川弘《ひろむ》さんは職員に〝業務命令〟を出しました。開発の許認可権は大分県にあります。書類を県に渡せば開発計画は動きだします。それを阻止するために、公務員としてはおきて破りの怠業行為をあえてやったのです。

地上げ屋から「早くしろ」と怒声を浴びせられ、体調を崩した職員もいました。銀行員も窓口に出現。「開発業者に融資しています。許可が一日遅れるごとに損害が生じていま す。町に損害賠償を請求しますよ」

長谷川さんの役場内での異名は「カミソリの長谷川」。切れ者で、決断力にも行動力にも秀でた職員でした。バブルが町に襲いかかってきたときは総務課長でしたが、当時の吉村格哉町長から「早急に開発規制条例をつくれ」との命令で企画課長に抜てきされたのです。怠業行為は、条例案をつくるまでの時間稼ぎだったのです。

長谷川さんは原案を作成しました。その理論的指導者が、林泰義さんや大森彌《わたる》さんら地域づくりで最先端を走っていた学者。「由布院ブレーン」として日ごろから助言をいただいており、「土地は市民生活の環境を改善し、町の望ましい方向にコントロールされて利用されるべきだ」という「成長の管理」の理論を条例案に盛り込んだのです。

しかし、県に原案を見せに行った長谷川さんは、いきなりしかられました。高さ五階以下とした高さ制限などが建築基準法より厳しく、「国の法律に上乗せした条例は無効」と否定的意見ばかりでした。結局、建設省に直接原案を見てもらい判断を仰ぐことになりました。

長谷川さんは上京しました。しかし、やはり「法律違反だからやめなさい」という回答。しかも開発業者に義務付けた「近隣住民の同意」の文言も、「建設省通達に反する。同意を義務付けたら行政手続きが遅れます」とたたかれました。今度は吉村町長が建設省に出向いて訴えました。「全国一律の法律では町は滅びる。国は湯布院を守ってくれないのか」

数週間後、建設省から長谷川さんが呼び出されました。出発の日、中谷健太郎さんと私を訪ねてきました。「湯布院を救えるのはあなたしかいない。頑張って」。祈るような気持ちで東京に送り出しました。

湯布院の憲法

東京の会議室には、建設省の若手エリート官僚五人がそろって待ち構えていたそうです。

「こんな人たちと法律論争しても負けるに決まっている」

湯布院町企画課長の長谷川弘さんは、定時制高校の出身。腹をくくりました。持参した町の観光ポスターを会議室の壁に張り始めました。美しい由布岳、音楽祭や映画祭のイベント。辻馬車が走る田園風景……。そして、切々と訴えました。

「これが私たちが愛する町の姿です。『癒やしの里』として、長い歳月をかけて育ててきた町を守るために、条例案を作ったのです。町の未来がかかっています。湯布院町に知恵を貸してください」

最後に深々と頭を下げました。すると、官僚たちの態度が明らかに変わったそうです。身を乗り出してきて懇切丁寧にアドバイスしてくれたのです。

「厳しい高さ規制などは条例に付随させた指導要綱にすれば問題ない」「通達に反する〝住民の同意〟は〝十分の理解を得る〟に変更すれば矛盾しない」

一九九〇（平成二）年九月、ついに「潤いのある町づくり条例」が施行されます。建物の高さは都市計画区域外では五階以下。建ぺい率や駐車場の規模、屋根の色や形も細やかに定められました。開発業者は「環境整備協力金」を徴収され、町づくりへの貢献を求められました。

これは「湯布院の憲法」です。大手開発業者の植民地にならないための、最後の砦《とりで》として威力を発揮しました。条例を見た開発業者はあきらめて去っていきました。そして、数年後にはバブルが崩壊……。絶体絶命の危機にあった湯布院の田園風景は、こうして守られたのです。

町づくりに対しては、「西日本文化賞」「サントリー地域文化賞」「大分合同新聞文化賞」（いずれも八二年）、「第一回潤いのあるまちづくり自治大臣賞」（八三年）、「第一回国土庁農村アメニティ・コンクール最優秀賞」（八六年）などを受賞していました。そして、このバブル危機を乗り越えた後、由布院温泉は「行ってみたい温泉地」など、観光客による人気投票で全国一位に輝くようになったのです。

それから約二十年。開発の波はその後も押し寄せてきました。しかし、若手後継者たちがその度に立ち上がって町を守っています。その行動は、長谷川さんがエリート官僚を相手に心を込めて訴え続けてつくった条例の、「護憲運動」なのです。

人材育成した平松さん

由布院の町づくりは、民間中心の運動でしたが、もちろん行政の援助がなければ成功はありませんでした。その一人が初代湯布院町長の岩男頴一《ひでかず》さん。「小さな別府になるな」と叫び、私たちを精神面、資金面で援助してくださいました。後半は、大分県知事を六期二十四年間務められた平松守彦さんが私たちを応援してくださいました。

「牛一頭牧場」に食管法違反の疑いがかけられたとき、当時副知事の平松さんに助けてもらったのは、既に述べた通りです。その後、平松さんは一九七九（昭和五十四）年に一村一品運動を提唱。「市町村の顔になる産品を作ろう。私がセールスマンになってPRする」。こうして、シイタケ、カボス、豊後牛、関あじ、関さば、大分麦焼酎など全国に通用するブランドが誕生します。「だいぶんけん」と読み違いされるほど知名度がなかった大分県のステータスを全国に高められたのです。

　私たちは「町づくり」の運動を展開して「由布院」のブランドを手にします。それも平松さんのおかげです。平松さんは由布院の良さを全国に宣伝され、国内外のＶＩＰを次々と由布院にご招待。いつしか由布院は「大分の迎賓館」と呼ばれるようになったのです。そうなると、私たちも必死です。「知事に恥をかかせるな」が合言葉。各旅館が切磋琢磨《せっさたくま》して、おもてなしの心やサービスのグレードがどんどん高まっていったのです。

　宮崎県の東国原《ひがしこくばる》英夫知事は、タレントとしての派手な人気で宮崎県を売り込みました。しかし、平松さんは地味な官僚上がり。アイデアだけでトップセールスに成功されました。また、宮崎県では東国原さんだけが際だっていますが、地域のリーダー名をあまり聞かない。手前みそかもしれませんが、大分県は地域のリーダーをたくさん輩出していると自負しています。

　その源が、八三年に平松さんが始められた「豊《とよ》の国づくり塾」です。活性化している地域には、必ず優れたリーダーがいることを痛感され、リーダーの哲学、地域づくりの心を学ぶために開塾されたのです。私も塾の運営委員長を務めて、若者たちに町づくりの精神の伝承を手伝わさせてもらいました。

「豊の国づくり塾」の卒塾生は約二千人。現在、大分県の行政、企業の中核を担う人材の多くが卒塾生です。平松さんは「人づくり」という究極の「一村一品運動」に成功されました。

九の章　番外編

コンビを組んで町づくりに取り組んできた中谷健太郎さん（左）と私。牛喰い絶叫大会の会場で

由布院の町づくりの歴史をこれまで話してきました。ここで、「番外編」ということで三人の方に私について語っていただきました。まずは前大分県知事の平松守彦さんです。

＊溝口薫平を語る

夢追い人

前大分県知事　平松守彦

湯布院町は「ウメ、クリ植えてハワイへ行こう」の大山町（現日田市）と並んで、私が提唱した一村一品運動の原点。行政に背を向けて、薫平さんと中谷健太郎さんらが自分たちのアイデアだけで町づくりに奔走し、日本有数の文化型リゾート地に育てあげた。私の理念である「ローカルにしてグローバルな精神」を実現させたお手本です。

知事時代、国内外のＶＩＰの多くを「玉の湯」に招待した。別府市でもアジア交流サミットや日韓首脳会談などがあったが、ホテルのストなどあってタイミングがあわなかった。日本旅館の「玉の湯」は、庭草が生え茂り、部屋も田舎風だが、ベッドやベランダなどは洋風。食事も地元農家で取れたものばかり。地産地消料理は客に大いに喜ばれた。

中国の曽慶紅《そうけいこう》・前国家副主席は、「玉の湯」で食べた湯布院牛がお気に入り。中国で再会した際に「牛肉がうまかった」と懐かしがった。北京に近い温泉地開発のため、設計士を由布院に派遣したほどのファンぶり。海外で最初に一村一品運動に注目した上海市の汪《おう》道涵《どうかん》市長も「中国も穀物不足になるので」と、「玉の湯」自家製の果実酒を持って帰った。マレーシアのマハティール首相、フィリピンのラモス大統領も「玉の湯」に案内した。英国のハウ外相は「東京は日本にあらず」と言い、東京を素通りにして来県。「玉の湯」で「本当の日本」を堪能していった。

中曽根康弘さんが首相就任後初の地方視察で大分に来た際も、「玉の湯」。夜は県内の若き地域リーダーを集めて「総理を囲む夜なべ談議」を開いた。

「玉の湯」は料理も雰囲気、従業員のサービスも最高。安心してＶＩＰを招待できる。奥さんの喜代子さんの存在が大きい。サービスやアフターケアの仕組みは奥さんが築かれた。奥さんは謙虚な人で目立ちたがらない。だから、私が紙面を借りて喜代子さんの内助の功を褒めたい。

薫平さんは大分県に世界に通用する「癒やしの里」をつくった。私はそれを利用しただけ。私の県政の基本姿勢は、ドリカム（ドリームズ・カム・トゥルー）精神だった。薫平さんは、まさに「夢追い人」。そして、夢をかなえられた。

◇

続いて、「山のホテル夢想園」会長の志手淑子さんです。町づくりの同志で、亡くなられた志手康二さんの奥さんです。

際立つ清廉さ

「山のホテル夢想園」会長　志手淑子

中谷健太郎さんは、企画する人。溝口薫平さんは得意な人脈をフルに使って行政と掛け合っていく人。そして、ゴルフやマージャン仲間が多かった主人の志手康二は、「よっしゃ、やろうぜ」と地域に浸透させる役目。違った個性が集まった「由布院三人組」は、それぞれの持ち味を十分発揮しましたね。

薫平さんと同じように、主人も高校三年のときに結核になり十年間も療養しました。旅館を継いだ昭和三十年代はお客がいない時代。当時は兼業で精米業もしてましたから、「もう旅館はやってられない。米屋をやりながらサラリーマンになる」と主人は本気で考えていました。

そこに、健太郎さんが「亀の井別荘」を継ぎ、続いて薫平さんも「玉の湯」に来た。由布院の旅館はちょうど世代交代期。若い経営者が観光について模索しだしたのです。結果として「地域づくり」といわれますが、食うために無我夢中だっただけです。

健太郎さんの企画は、とにかく奇想天外。アイデアが浮かぶと主人に「話を聞いてくれ」と電話してきました。主人は「また健ちゃんにだまされてみるか」と苦笑いしてました。

しかし、健太郎さんは途中で嫌なことがあると、放り投げてしまうこともあるのです。予算化した役所の人間は「彼と組むとひどい目にあう」と不信感を抱く人も多かった。そんなときに薫平さんが「まあまあ、私がなんとかしますから」と後始末をされるのです。薫平さんがいたから、健太郎さんの企画も実現したのだと思いますよ。

薫平さんは、風情がいいですよね。旅館の主人はギラギラしたイメージが多いなか、清廉さが際だっています。「観光カリスマ」になられましたが、近寄りがたさはなく、優しいご主人。行政や経済界にすごく人脈が広く、頼りがいのある方です。

人に対して正面切って反論された姿を見たことはありません。もちろん芯が強い人ですが、人に対して悪意を抱かない人です。本文でも紹介されましたが、青春時代に結核になり大学へ行けなかったことで、別の生き方を考えられた。自分とかかわる人からいろんなものを吸収していこうと決意された。そんなピュアな生き方を薫平さんは貫いておられます。

最後は、「亀の井別荘」の主人・中谷健太郎さんです。健太郎さんとの出会いで、私の人生は大きな影響を受けました。

◇

気配りの天才

「亀の井別荘」主人　中谷健太郎

薫平さんのことを知ったのは、またいとこの喜代子に一枚の風景写真を見せられたとき。「こんな写真を撮る人どう思う?」と聞くから、「マジメな人やろうなあ。部屋に飾っても飽きん写真やなあ」と答えました。「そうか飽きないかあ」と納得顔の喜代子。その後、喜代子の結婚相手が薫平さんだということを知りました。

薫平さんが日田市立博物館を辞めて「玉の湯」の経営に乗り込んできたのが、一九六六（昭和四十一）年。乗り込んできたというより、すき間から静かに入ってきたという感じ。いつもにこにこ笑っているから、ついたあだ名が、「つぼみの薫平」。

ところが、「つぼみ」は由布院観光に大きな花を咲かせた。パンフレットの写真を頼めば、いい写真を撮ってきてくれる。博物館時代に培った人脈も威力を発揮した。とにかく人の動きをよく見て覚えている。所属、肩書、異動先まで。特殊な才能でしょうなあ。「人事の薫平」の異名もつきました。

富士山に仲間たちと登山したことがあります。最初は僕は偉そうなことを言いながら先頭を歩いていましたが、そのうちにへばった。すると、ずっと真ん中あたりにいた薫平さんが涼しい顔で登って行く。

「薫平さん、最初から先頭で登ればいいのに」と言うと、「私は長い間病気だったから、前にいても最後尾にいても、人に迷惑をかけるかもしれない。だから、真ん中がいいのです」。荷物の多さにもびっくりでした。「困った人の分も要るでしょう。ひょっとしたら一日で下山できないときもある。常に二、三人分は持っていく。私はそのことを山で教わりました」とひょうひょうとした顔で言う。

ヨーロッパの視察旅行先でも、薫平さんの人柄が出た。宿舎はだいたいツインベッド。志手康二さんと薫平さんと僕が部屋に入ると、薫平さんは毛布にくるまってゴロンと床に転がった。「私は山で慣れてるから、どこでも寝られます」。貧乏旅行だから食事もまずいときもあった。しかし、薫平さんは一言も文句を言わずに黙って全部食べた。四十五日間の旅行中、不愉快な顔を一度も見たことがなかった。

「気配りの天才」です。

◇

引き続き、「亀の井別荘」の中谷健太郎さんに私との関係や、町づくりの理念について語っていただきました。

◇

薫平さんと僕は性格も行動もまったく違ったタイプの人間。僕は自分の信じることが良いと思うと突っ走ります。しかし、その考えに反対する人もいる。僕はそういう人たちを無視したり、対立したりするわけです。どうしても関係が悪くなる。

薫平さんは先頭を切って突っ走らないかわりに、反対する人ともちゃんと付き合う。崩れかけた関係を、絶妙なタイミングで修復してくれるんです。

若いときに大病して体が弱かったから、人と敵対することは避けてきたと言っていた。すごいことです。薫平さんが口角泡を飛ばして大激論を繰り広げたり、ましてや人を殴ったという話は聞いたことがない。人のお役に立って生きていこう、という僕にはない美意識が彼を支えていると思う。

薫平さんがいなかったら、由布院の町づくりは違った展開になったでしょう。少なくとも大分県の行政の人とか、政財界との人脈のつながりは確実に落ちていたでしょうね。僕は朝まで飲んでつきあうこともあるけれど、関係が悪くなると、もうそこに行きたくなくなる。

「これは県にお願いして応援してもらわないと実現せんで」と僕は口では言うけれど、行きたくないときは行かない。それで、「薫平さん、お願いする」と頼むと、「分かった」と言ってちゃんと調整してくれた。僕一人だったら、由布院盆地の町づくりもちっぽけな反権力運動に終始していたかもしれない。

ケンカしたことはないですね。僕のまたいとこで、薫平さんの嫁さんの喜代子は「スカッとした才女」で気持ちが良い。「夢想園」の志手淑子さんもいいなあ。由布院の旅館は規模が小さいので、お客さまの「数」ではなくて「顔」を見ながら仕事をします。「亀の井別荘」に泊まられたお客さまを、「玉の湯」にご案内したりする。ライバルではなく、「共同体」の関係ですね。

僕たちに共通しているのは、神様が温泉を出してくれた土地で、大勢の疲れた人を癒やしたいという思いです。「ここはいい土地やなあ」と喜んでいただけるように、僕らのできる範囲で恩返しをしたかった。

この「希望」を実現させるため、一緒に戦ってきた戦友が、薫平さんです。

中谷健太郎さんには、二度にわたって私のことを話していただきました。今度は私の番です。

＊中谷健太郎を語る

真の観光カリスマ

溝口薫平

由布院の成功は驚きをもって称賛されます。由布院が小さいがゆえに、際だって見えるのだと思います。そうです。「小さい」を逆手に取って、町づくりの武器にしたのです。その戦略を立ててアイデアを繰り出したのが、健太郎さんです。健太郎さんの奇想天外でユニークな発想は、本書の中でいくつも紹介しました。映画の助監督だった健太郎さんは、志半ばで旅館業を継ぎます。しかし、由布院を「ロケ地」に見立てて、まるで映画を制作するかのように次々に「物語」をつくっていったのです。

健太郎さんの才能には、ただ感服するばかりです。文章を書いても、絵を描いても、歌を歌わせても何でもできるスーパーマン。天才です。そういう人は地域で浮いてしまうこともあります。しかし、強力なリーダーがいないと、なかなか地域は輝きません。由布院は健太郎さんのアイデアをつぶさず、生かしてきました。私には健太郎さんのような斬新な発想はできません。そのかわり、健太郎さんの脇を固めることに徹しました。

町づくりの初期のころ、町長だった岩男頴一《ひでかず》さんが応援してくださいました。しかし、終盤には対立します。中心人物が健太郎さんでした。岩男さんは直接文句を言わず、私に言ってきました。「中谷を黙らせろ」。それを受けて「町長が騒ぎだした。少し加減した方がいいよ」と健太郎さんに忠告するのが私の役目でした。そうした「敵対的信頼関係」を行政と築けたから、町づくりは停止せずに前進し続けたのだと思っています。

私は旭日小綬章を受章したり、国土交通省の「観光カリスマ」にもなりましたが、真の観光カリスマは健太郎さんだと思います。しかし「オレはそんな肩書がつくと窮屈でかなわん」と言って受け取りません。思想的に反権力の人ですから、「国から褒めてもらいたくない」という健太郎さんの美学なんでしょう。

寒村だった由布院が外に向かって戦わないとならない時期にコンビを組みました。もう五十年近くの戦友です。多くの同志を集めないといけなかった。職業も考え方も違った人を、どうまとめるかが勝負でした。そんなとき、二人はあうんの呼吸で役割分担をしてきました。それが、町づくりの成功につながったのだと思っています。

十の章　地域とともに

由布岳を背景に癒しの里づくりを仲間たちと誓い合う。前列左から三人目が私

草花の部屋

十八ある「玉の湯」の部屋には、由布院に自生していたり、万葉集に登場したりする草花を中心にした名前がついています。

「山吹」「きはだ」「あかね」「すはう」「あさぎ」「くちなし」「むらさき」「桜」「柑子《こうじ》」「もえぎ」「ひわ」「とくさ」「柚子」「桑」「みはなだ」「桃花《もも》」の植物名と、「埴生《はにゅう》」（黄赤色の粘土の土地）と「くひな」（鳥）がそれです。一九七五（昭和五十）年に大改築した際に、「虫庭の宿」にあった優しいイメージの名前にしたのです。

部屋のキーにつけられている紐も、それぞれの部屋の名前にちなんだ色で統一しました。例えば、「山吹」にはやまぶき色、「あかね」にはあかね色の草木染めの紐を付けて、可憐さを演出しています。

宿の看板「由布院　玉の湯」の文字を書いてくださったのは、画家の安野光雅さん。デザイナーでもある安野さんには、「玉の湯」の手提げ袋と包装紙のデザインも手掛けてもらいました。玄関入口中央に展示されている「万華」の絵は、大分県日田市出身で国画会会員だった宇治山哲平さんの作品。フロントにかかる「玉の湯」の書は、孤高の画家として有名だった熊谷守一《くまがいもりかず》さんの作品で、文藝春秋の社長だった上林《かんばやし》吾郎さんが依頼してくださったものです。

「玉の湯」を紹介するパンフレットの写真を撮影したのは、山田脩二さん。新装開業したときの写真ですから、もう三十五年近く同じものを使っていることになります。「玉の湯」はヨーロッパの田舎のホテルと同じように、素朴さをそのまま守り続けていますから、写真を取り直す必要がないのです。「黒焼きの脩ちゃん」の異名を持つ山田さんのモノトーンの作品は、実に重厚。とても気に入っています。

山田さんは、四十代前半の八二年に突然「写真家終止符宣言」を出され、兵庫県淡路島に移住。なんと瓦職人に転職されました。写真を印画紙に焼いていたのが、今度は土を焼くようになったのです。カメラマンからカワラマンに転身して、今では現代建築の世界で景観への問題を提起し続けています。

そうそう、安野さんの手提げ袋は、もともとは長女の桑野和泉の結婚式の引き出物用の袋として作っていただいたものでした。そういえば、和泉が結婚披露宴で着た着物は、人間国宝の染織家の志村ふくみさんに染色してもらって紬《つむぎ》を織っていただきました。一流の作家の方に祝福されて、和泉は本当に幸せ者です。

地域と交流する店

「玉の湯」では宿泊客以外の方にも、旅館の料理を楽しんでいただいています。虫庭の雑木林が見渡せる敷地内の山里料理店「葡萄屋」がそうです。お昼は季節のお弁当を中心としたランチメニューを、夜は宿でお出ししているお食事をベースにしたコース料理をご用意しています。

「葡萄屋」の名前は、北海道池田町との交流から付けました。十勝ワインのブランドを築いて町づくりに成功した池田町は、大分県の一村一品運動にも大きな影響を与えました。湯布院とも町づくりのシンポジウムを交互に開催して深い関係になりました。ブドウは搾れば素晴らしいエキスが出て豊潤なワインになる。絡み付くツルはしっかりした人脈をイメージさせます。池田町に敬意を表して、「葡萄屋」と名付けたのです。

カクテルなどが楽しめる「ニコルズ・バー」は、英国出身の環境保護活動家で作家のC・W・ニコルさんが命名しました。一九九五（平成七）年に日本国籍を取得されたニコルさんは、日本人作家が旅館に缶詰になって執筆することにあこがれがあったそうです。それで「盟約」という小説を書かれる際に「玉の湯」に一カ月こもられた。その間、ニコルさんは町の友人を誘って酒を飲みに出掛けるのですが、大変な酒豪。そのうちに友人も

「彼と飲んでいたら、体を壊す」と悲鳴を上げる始末です。

そこで、ニコルさんを「玉の湯」に〝隔離〟するため売店の「由布院市」を半分に削ってバーにしました。由布院在住のクラフト作家、時松辰夫さんが製作したセンノキの一枚板のカウンターがニコルさんのお気に入り。どっしり腰を降ろして洋酒をたしなまれ、訪れてくる友人に「おいでよ。ここは僕のバーだから」と言っているうちに、「ニコルズ・バー」の名前が付いたしだいです。

初代バーテンダーは、東京の「帝国ホテル」で経験を積まれた岩本賢二さん。岩本さんが作ったカクテルや厳選されたウイスキーは評判を呼びました。田舎町で超一流ホテルの接客サービスが受けられ、極上の洋酒が楽しめる。岩本さんには、「由布院の夜を変えた男」との異名がつきました。

二〇〇五年に岩本さんは独立して、由布院駅前通りに「ステア」というバーを開業されました。ステアとはカクテル用語で「混ぜる」という意味。自慢のカクテルの腕前で、地元の住民と観光客との交流の場をつくることを目指しておられます。

確かな味を造る会

「食文化はあらゆる文化の母胎。正しく整えられた食物は、人をして人たらしめる」。料理研究家の辰巳芳子先生のこの言葉に共鳴しました。「玉の湯」で提供している料理は、辰巳先生の食哲学を実践させたものです。

辰巳先生は一九九〇年代中盤、日本経済新聞の連載コラムで日本各地の安全で安心な食材や食製品を紹介なさいました。

九州では福岡県朝倉市の廣久葛本舗《ひろきゅうくずほんぽ》が製造する「本葛」。大分県からは、臼杵市のフンドーキン醬油の「椎茸たっぷりめんつゆ」、湯布院町は「亀の井別荘」の「五穀米」など山家風朝食メニューの食材、そして、「玉の湯」からは由布山麓で摘み取られた柚子をマーマレードにした「柚子ねり」。表皮を厚くむいて丁寧に刻み、まろやかに炊きあげた季節のお茶受けです。

連載は大好評でした。記事が掲載されると、消費者からメーカーに電話が殺到しました。長野県松本市の醬油蔵「大久保醸造店」の大久保文靖専務は「朝早くから深夜まで問い合わせの電話がかかってきてびっくりした」と、反響の大きさを振り返っておられます。

紹介された各店が協力して、連載をまとめて『辰巳芳子が薦めるぜひ取り寄せたい確かな味』という本を出版しました。同時期に「確かな味を造る会」も結成され、さらに、「確かな味を伝える会」という姉妹組織も発足されました。辰巳先生が会長で、ＮＨＫ解説委員だった農業、食料問題専門家の中村靖彦さんが代表理事を務め、お互いの生産現場を視察したりして、料理哲学や技術を切磋琢磨しています。

辰巳先生は病気で食が細くなった父親に、飲みやすくて栄養分たっぷりのスープをつくって病床に届けました。何と八年に亘ってお父さまの命を支えたのです。人間の細胞にエネルギーを与えたスープは、医療関係者にも注目されました。これをきっかけに、神奈川県鎌倉市の自宅で「スープ教室」が始まりました。一般主婦に超人気で、数年先まで受講予約者が埋まっているほどです。「玉の湯」の総料理長、山本照幸も何年も通い続け、辰巳先生からうちの名物「クレソンスープ」が伝授されたのです。

ここ数年、食材の偽装が問題となっています。しかし、「確かな味を造る会」は十数年前から「食は呼吸と同じように、人間が生きていくための最も基本的な行為である」をスローガンにして、安全、安心な「食」を追求してきました。癒やしの里づくりも、命を支える料理も、本物に対する愛情を注ぐことが必要だと思います。

ヒゲタ醬油の専務だった山下啓義さんが初代事務局長として設立に尽力された「確かな味を造る会」のメンバーは、現在十六社。辰巳先生が最高顧問で、わたしが会長です。文中で紹介した以外のメンバーと主な商品は次の通りです。

板倉会館「スーパーミール」（北海道深川市）▽本長「野菜山菜粕漬け」（山形県鶴岡市）▽五光食品「牡蠣」（宮城県塩釜市）▽まるや天賞「清酒」（宮城県川崎町）▽たいまつ食品「餅」（新潟県五泉市）▽ヒゲタ醬油「江戸造り醬油」（東京都日本橋）▽日本スープ

「スープ」（東京都南青山）▽合資会社八丁味噌（カクキュー）味噌（愛知県岡崎市）▽龍神自然食品センター「梅干し」（和歌山県田辺市）▽京の地豆腐　久在屋「地豆腐」（京都市西京極）▽山下海産「煮干し」（香川県観音寺市）

宝物の芳名帳

分厚い芳名帳が六冊。「玉の湯」を訪れた各界の著名人のべ約千人の名前が記されています。最初は普通のサイン色紙に書いてもらっていました。しかし、宿を大改築した際、観光パンフレット製作などで町づくりを応援していただいた佐伯印刷の平岩八重子副社長から、外国製の革張りの立派なサイン帳をプレゼントされ、切り替えたのです。最初の記帳者は、文芸評論家の小林秀雄さんです。恐る恐るお願いしたところ、「僕が第一号になってやろう」と、気軽に応じてくださいました。一九七五（昭和五十）年五月七日の日付です。小林先生にいただいたサインのひとつに「頭寒足熱」というのがあります。最高の健康法を示すものです。人間の体の仕組みから考えられたこの教えは、癒やしの里づくりの理念にも共通します。小林先生のこの言葉を大切にして、気持ちを引き締めています。

芳名帳には、由布院を旅して感動された言葉がたくさん記されています。黒柳徹子さんはホタルが乱舞する光景に興奮なされ、「ホタル手に　取らんとすれば　銀河かな」と即興で詠まれました。首相時代の中曽根康弘さんは「ひとり湯の　いづこに鳴くや　ちちろ虫」と詠まれ、小泉純一郎さんは「春風接人」と座右の銘を記されました。

ソニーの創業者、井深大《まさる》さんも感激なされ、「こんな感性のある宿が今日存在するのは夢であり歓びです。こんなすばらしい処を教えて下さった、故中村裕《ゆたか》先生（障害者スポーツの普及に尽力された大分市の医師）を偲びつつ」とありがたい言葉を添えていただきました。文化勲章の日本画家、高山辰雄さんのさりげないスケッチ画も、貴重なお宝です。

一冊に百五十人以上が記入できる芳名帳ですから、サインされる方は誰が「玉の湯」を訪れたかを知ることができます。「先日、由布院であなたのサインを見たよ。僕も『玉の湯』の常連なんだ」と、旧友との会話で盛り上がることも多いそうです。また、「亡くなった父が書いたサインを見せてください」と、家族の方が芳名帳を見にこられるケースもあります。

こうして、「玉の湯」の芳名帳の存在が知れ渡りました。今では、著名人が死去した際にマスコミから「お宅に泊まられた際に、どんな言葉を残されましたか」との取材を受けます。二〇〇八年秋に筑紫哲也さんが亡くなったときは、東京のテレビ局が芳名帳を借りにきました。「古稀超えて　今も未だ　旅の途中」。取材活動に最後まで情熱を注がれた筑紫さんの生き様が全国に紹介されました。

ページをめくるたびに心が温まる芳名帳は、わたしと「玉の湯」の宝物。そして、由布院の町づくりの歴史の中で、貴重な財産ともいえるでしょう。

文人墨客の拠点地

癒やしの里づくりに奔走して、お客さまに愛される旅館を目指してきました。おかげさまで多くの方のご支持を得られるようになりました。特に作家の方のご利用が多いのが「玉の湯」の特徴だといえるでしょう。

ご縁を作ってくださったのは、文藝春秋の社長、会長を務められた上林吾郎さんです。上林さんのご紹介で、小林秀雄さん、水上勉さん、中村光夫さん、那須良輔さん、今日出海さんらが次々と「玉の湯」に宿泊されるようになったのです。池波正太郎さん、城山三郎さんもご常連でした。小林さんは先に紹介した理由で、由布院や「玉の湯」のことは一行も書き残されませんでした。しかし、池波さんは執筆旅行で宿泊した全国の旅館やホテルの印象をまとめた随筆集『よい匂いのする一夜』で、「玉の湯」を紹介してくださいました。

文人墨客が利用した宿といえば、神奈川県の奥湯河原温泉にある「加満田《かまた》」さんが有名です。一九三九（昭和十四）年創業の老舗旅館。戦後間もなく、宇野千代さんが自分の文芸誌の原稿を小林さんに頼みましたが、その際に小林さんを「加満田」さんにお連れしたそうです。作家を〝缶詰〟にした第一号だそうです。以来、純和風旅館の「加満田」さんは大勢の小説家に愛されて、日本を代表する名作が「加満田」さんの部屋から生まれたのです。

最近、「玉の湯」によくおいでになるのは宮城谷昌光さんです。奥さんの聖枝《きよえ》さんとお越しです。お二人が日本全国の旅館を宿泊されて本音で印象を語った対談集『ふたりで泊まるほんものの宿』（新潮新書）の中でも、「亀の井別荘」「山荘無量塔《むらた》」「玉の湯」といった、由布院の三つの旅館を取り上げてくださいました。

常連では、林真理子さん、髙樹のぶ子さん、夏樹静子さん、評論家の秋山ちえ子さん、劇作家のつかこうへいさん、料理評論家の山本益博さんがいらっしゃいます。二〇一一年に亡くなられた北杜夫さんも娘さんで随筆家の斎藤由香さんとご家族でお越しでした。北さんのお母さんは七十九歳で南極に行くなど、世界百八カ国、地球三十六周分を旅したといわれる輝子さん。八四年に八十九歳で亡くなられましたが、最後の旅で宿泊されたのが「玉の湯」でした。

北さんのお兄さんで精神科医でエッセイストだった斎藤茂太さんも、生前の母親をしのんでお越しになり、「由布院は心のふるさと。亡母も大好きだった」と芳名帳に書いておられます。

このようにして、「玉の湯」は奥湯河原温泉の「加満田」さんのように、文化人の九州での拠点地にまでなることができました。

長女、桑野和泉のこと

二〇〇三（平成十五）年十月一日、「玉の湯」の社長の座を長女の桑野和泉に譲り、私は会長として一線を退きました。ちょうど「玉の湯」は創業五十周年を迎えた節目の年でした。私も七十歳になり、世代交代のいい時期だと判断したのです。

和泉から「『玉の湯』を継ぎたい」と言われたことはありません。しかし、子どものころから「由布院で地域活動をしたい」という思いはあったようです。

東京の清泉女子大を卒業した後、「ホテルオークラ」（東京）に勤務して、接待業を学びます。私の主治医となった桑野慎一郎（現湯布院厚生年金病院副院長）と結婚後、東京で主婦業をしていました。出産を機会に由布院に戻り、「玉の湯」の専務となり、旅館業に専念しました。

旅館の女主人は「おかみさん」と呼ばれ、着物姿が定番です。しかし、和泉は「日常の暮らしの中にある旅館だから」という理由で、常にスーツ姿。従来の「おかみ」のイメージを打破して、はつらつとしたビジネスウーマンを演じています。

私は「玉の湯」の庭に雑木をどんどん植えましたが、和泉は四季折々の花を植えていきました。また、女性一人でも安心して泊まれるシステムや、気軽に楽しめるティールーム、バーをつくるなど、女性の視点で次々に改革しました。私が口出すことは何もありません。

対外的にも、由布院温泉観光協会の会長、ツーリズムおおいた（旧大分県観光協会）の会長、西日本新聞社の「西日本フォーラム21」の委員、NHK経営委員をはじめ国の各種委員など数々の役職を兼ねています。そうした中でも物おじせずに発言しているみたいです。だからといって、肩ひじを張って生きているわけでもない。

そんな能力も、由布院で培われたものだと思います。政界、財界、学者、文化人が由布院にお越しになった。和泉は子どものころから、そんな一流の人々と常に会い、「この小さな町に魅力があるから来るんだよ」と聞かされ育ちました。それが、地域づくりの道を選ぶきっかけになったのでしょう。

次女の菜穂子は「玉の湯」の常務として売店「由布院市」の責任者。三女の花子は主婦として東京で暮らしています。

「溝口」の跡継ぎですか？　和泉は「家の後継者」ではなく、「地域の後継者」を目指しています。和泉が選ぶことですので、私はこだわっていません。

新たな生命息づく

先日、「全国人気温泉地ランキング２００９」（リクルート）が発表されました。由布院・湯平温泉は「あこがれ温泉地」で一位。「もう一度行ってみたい温泉地」で二位。理由の一つが「自然に囲まれているから」でした。四十年前、「奥別府」と呼ばれ無名だった由布院のことを考えると、隔世の感がします。

私たちの町づくりは、由布岳が美しく見える景観を守ろうというのが原点でした。高度経済成長期に、よその観光地がものすごいスピードで縦へ縦へと競争している中で、私たちは横軸を広げていきました。地域との調和こそが町づくりに必要だと考えたからです。最初は「自然を守れ」と叫びました。しかし、自然保護運動には限界がありました。そして、「地域に生きる」に方向転換しました。きっかけが、ヨーロッパ視察旅行。「町にとって静けさこそが大事。百年の歳月をかけて町づくりを行っている」というドイツ人のホテル経営者の言葉に共鳴したのです。

その教えに従って、癒やしの里づくりに没頭してきました。しかし、由布院の名が高まれば高まるほど、開発の波は何度も襲いかかってきます。その波と戦うのは、次の世代に引き継いでもらうしかありません。

幸いなことに、由布院の若者は私たちが行ってきた運動を実際に見て育っています。由布院温泉観光協会長の桑野和泉をサポートする形で、冨永希一副会長（「いよとみ荘」）、志手史彦専務理事（「夢想園」）、高田陽平常務理事（「山荘わらび野」）ら若手グループが万全な連携を取っています。確立された「由布院ブランド」のプライドを持って、地域づくりのトップランナーとして活動しており、頼もしい限りです。

「この町に子どもは残るか」。三十数年前、私たちが行ったシンポジウムのテーマです。町の景観を守り、子どもがすくすく育つ環境づくりこそが、町が生き残る道だと信じてきました。外の空気をたくさん吸って、大きなエネルギーを蓄えた若者が帰って来られるような町にしたい。そして、都会の生活に疲れた人々を癒やしてあげたい。昆虫が安心して訪れるような地域の生態系づくりが、町づくりの姿勢でした。

初秋に始まったこの聞き書きも、そろそろ終わりに近づいてきました。緑が鮮やかだった由布岳も、今では白い雪に覆われて厳しい姿を見せています。しかし、土の中には新たな生命が静かに息づいています。可憐な虫たちが、由布院盆地に姿を現してくれる春が、楽しみです。

あとがき

癒やしの里での「おいしい経験」

西日本新聞の「聞き書きシリーズ」の歴代担当の中で、これほど「おいしい取材」を経験した記者はいないのではないか。日本有数の癒やしの里・由布院温泉に毎週一度のペースで通うこと、一年一カ月。しかも、「由布院ご三家」と呼ばれる名旅館「玉の湯」が取材基地なのだから。

五十回を超える取材を重ねるうちに、まずなによりも溝口薫平さんの温かい人柄に魅了された。「玉の湯」の絶品の料理、温泉も十分に堪能させてもらった。本来は遠慮しなければいけないのだが、薫平さんが西日本新聞の〝先輩記者〟だったということを自分への言い訳にして、ついつい甘えてしまった。

実は、この聞き書きシリーズの話を本社から打診されたとき非常に戸惑った。自宅でビールを飲み、ロックミュージックを聴きながら、大リーグをテレビ観戦するのが、私の至極の休日の過ごし方。根っからの「引きこもり」だから、遠出して由布院に行こうと思ったこともなかった。長くプロ野球を中心にしたスポーツ記者だったから出張は人一倍多かった。しかし、宿泊するのは都会にある格安のビジネスホテルばかり。温泉地の一流旅館への関心は皆無だった。

由布院の地域づくりの動きにも興味ない。「玉の湯」や「亀の井別荘」がどれほどの名宿なのかも知らない。観光の分野で「カリスマ」として尊敬される薫平さんや中谷健太郎さんの名前も初めて耳にしたほどだ。

こんなド素人が担当になったのだから、薫平さんもさぞ困られたことだろう。無礼なこともやらかした。取材日にひどい二日酔いになってしまった。由布院まで寝て行けば回復すると思って、いつもは車で通うところをJRにした。ところが、薫平さんと列車の中でばったり。雑談中に気分が悪くなり、由布院に着いた途端に「ちょっと横にならせてください」とへたりこんだ。しかも、三十分のつもりが三時間も熟睡してしまったのだ。さすが癒やしの宿！　「玉の湯」の極上の部屋で「一時休憩」したのは、私だけではないだろうか。

しかし、薫平さんは嫌な顔ひとつなさらなかった。それどころか、取材帰りには由布院についての多くの資料や文献を持たせてくださった。季節の旬のお土産と一緒に……。こうなれば、勉強してとことんやるしかない。こうした薫平さんの優しい気配りこそが、由布院のファンを日本中に増やしてきたのだ。「由布院は人脈観光ですから」といつも言われた薫平さんの言葉が、身に染みた。

暗中模索で始まった取材だったが、由布院の地域づくりの歴史をたどる旅はあまりにも楽しくて完全にはまってしまった。開発の危機に何度もさらされる由布院。町内の意見の対立。ハラハラドキドキの状況の中で、健太郎さんが繰り出す奇想天外なアイデアに抱腹絶倒した。それをまとめ上げて形にする薫平さんや志手康二さんの活躍に拍手喝采だ。むしろ、由布院の知識がまったくなかったのが良かったのかもしれない。薫平さんの話は新鮮で、毎回わくわくしながら聞かせてもらった。

特筆されるのが、こうした町づくり運動の過程が克明に記録されていることだ。「明日の由布院を考える会」の機関誌で健太郎さんが編集長を務めた『花水樹』は、激しい討論会のやりとりを実名で公開するなど、町を愛する住民の真剣な議論が記されている。連載でも抜粋して使わせてもらったが、座談会や欧州旅行の詳細なリポートもある。記録を残すことで、由布院が全国に知れ渡り、そして運動の方向性が定まっていくのである。

大正時代、本多静六博士が講演した内容を、当時の由布院の住民が『由布院温泉発展策』という本にまとめた。その本を見た薫平さんたちが、ドイツ旅行を思い付く。『花水樹』の活動記録もまた、新たな世代の町づくり運動の参考になっている。本書も町づくり運動に携わる若い人たちの参考書として役立つことになれば、幸いだ。

雪を被って凜とした姿の由布岳。新たな生命の息吹を感じる春の由布岳。雨雲に隠れて寂しげな由布岳。真夏の太陽がまぶしい雄大な由布岳。真っ赤に燃え上がる情緒的な晩秋の由布岳。表情が豊かな由布岳は、本当に見飽きない美しい山だった。「由布岳がどこからでも見える町にしたい」。一年を超える取材で、薫平さんたちが心に誓った言葉の意味を理解することができた。当然ながら、私も今ではすっかり由布院ファンの一人だ。薫平さんをはじめ、由布院の楽しい人々と出会えて本当によかった。あらためて深く感謝申し上げます。

本書は二〇〇八年九月十一日から〇九年一月二十六日まで西日本新聞で連載した記事に、再取材をして加筆したものである。連載の「第一読者」の立場で感想とアドバイスをしてくれた西園勝憲デスク、一冊の本にまとめてくれた出版部の安武信吾デスク、ありがとう。ちょっとしたことですぐにへたれ込む私をいつも励ましてくれた大分市の居酒屋「ぴぃぴぃ」とロックバー「スパイラル」の愉快な仲間たち、ありがとうございました。

大分総局の仲間にも感謝したい。取材、執筆中に大分県教委を舞台にした汚職事件が発覚した。半年間、総局は戦場と化した。そんな中、いそいそと由布院通いをする私を許してくれた（？）総局のみんなの理解と協力がなかったら、百十二回にもわたる長期連載はまっとうできなかった。本当にありがとう。

二〇〇九年七月

西日本新聞
野口智弘

中公文庫版へのあとがき

おもてなしのお手本となった由布院

思いもよらないお話だった。中央公論新社からかかってきた電話の内容は、『虫庭の宿』を文庫本として再出版しませんか、とのお誘い。しかも、中国歴史小説の大家・宮城谷昌光さんからの推薦だと聞いて、職場で「えーっ？　すげえ！」と思わず叫び声をあげてしまうほど、びっくり仰天してしまった。もちろん、返事は「はい！　喜んで」。

西日本新聞の「聞き書きシリーズ」という新聞連載百十二回分に、加筆した分をまとめた『虫庭の宿』が出版されたのが、二〇〇九年夏。溝口薫平さんのご尽力で多くの方に由布院の歴史書として読んでいただいた。おかげさまで初版は完売した。

その後の人事異動で私は出版部に異動したが、自分から「増刷しよう」とずうずうしいことはとても言えない。由布院関係者からの大量注文がなければ増刷は無理、とあきらめていた。宮城谷先生と中央公論新社さまは、『虫庭の宿』を絶版危機から救い出してくれたのだ。感謝します。

さて、『虫庭の宿』が出版された後の由布院について少し触れておきたい。一九七五年、大分県中部地震による風評被害を一掃するために始まった「ゆふいん音楽祭」だったが、二〇〇九年の第三十五回音楽祭をもって終了した。「誰のための、何のための音楽祭か」という原点に立ち返り、これからの方向を探っていきたいと関係者は説明する。

残念なことだとは思う。しかし、本書で語られたように、行政や企業にも寄り掛からず、徹底的に手作りにこだわった運営方針は見事だった。著名な音楽家と地域があんなに密に接した音楽祭はないだろう。そして、全国に由布院ファンを大勢増やしていった功績は大きい。新しい世代による新しい音楽祭がスタートする日が楽しみだ。

二〇一二年秋、「由布院　玉の湯」を訪れた。その際、前回訪れた時と庭の雰囲気が少し違っていることに気が付いた。「部屋を一つ潰しました」と薫平さん。「とくさ」と名付けられていた部屋がなくなり、その跡地には草がぼうぼうと生え、野花がひっそりと咲いていた。薫平さんの長女、桑野和泉社長の発案だという。

「空間を広くするためです。和泉は庭が大事だからと言っていました」。薫平さんの説明を聞いて、取材の最初のころに薫平さんからうかがった話を思い出して思わずニヤリとしてしまった。まだ由布院の知名度が低かったころの一九七一年、薫平さんは三千坪の土地を石ころだらけの荒れ地にした。周囲のみんなが驚く中、「玉の湯」は雑木林に囲まれた旅館になった。だが、そのことで「玉の湯」は人々に癒やしを提供する名宿となり、由布院の町づくりの原点となったのだ。十八しかない部屋を十七部屋に減らしても、癒やしの場を設けたいという発想。今や各方面で大活躍する和泉社長にも、薫平さんのDNAはしっかりと受け継がれていることが分かり、ほほ笑ましく思った。

薫平さんの盟主、「亀の井別荘」の中谷健太郎さんも二〇一三年に社長の座を長男の太郎さんに譲り、会長に退かれた。由布院の若手世代の活動は相変わらず活発で、地域づくりを真剣に考えて行動している。薫平さんと健太郎さんらが築き上げた由布院のブランド作りの「たすき」は、由布院の新しい世代にしっかりと受け継がれているのだ。

JR九州では二〇一三年秋に九州を周遊する豪華寝台列車「ななつ星in九州」の運行を開始する。その乗務員にはホテルやレストランの勤務経験者が選抜されたが、事前研修の場所の一つとして選ばれたのが、由布院の旅館。同年二月に「由布院玉の湯」「亀の井別荘」「山荘無量塔」の名宿を順次回って、接客の極意を学んだ。「お客さまを迎えるには準備が最も大切」と桑野和泉社長が説き、中谷太郎社長も「非日常ではなく、お客さまが普段思っている極上の日常を追い掛けている」と語った。

大正時代の一九二四年、温泉以外何もなかった由布院盆地を訪れた本多静六博士は、村の人々に「由布院温泉発展策」を講演した。それから約百年。由布院は日本を代表する

「おもてなしのお手本」になるほど、発展した。

二〇一三年三月

西日本新聞
野口智弘

溝口薫平　略年譜

西暦	元号	由布院の町づくりの歴史と溝口薫平	社会一般
一九一二	大正元	由布院〜別府間の別府港道完成。馬車が走る	4月　豪華客船「タイタニック号」が氷山に接触し沈没
一九二一	10	油屋熊八が金鱗湖そばに亀楽荘（「亀の井別荘」）をつくり、中谷巳次郎に管理を委任	11月　原敬首相が暗殺される
一九二四	13	10月　本多静六博士が由布院で講演会	
一九二五	14	7月　大分から北由布までの大湯線開通	4月　治安維持法公布
一九三〇	昭和5	4月　米国の世界周遊団が由布院見学	
一九三三	8	9月14日　大分県玖珠郡野上村（現九重町）で獣医師の梅木徳宝、リカの長男として誕生	1月　ヒトラーがドイツ首相に就任
一九三四	9	2月28日　町づくりの盟友となる中谷健太郎氏が誕生	
		11月　久留米〜大分間の久大線が開通	
一九三六	11	北・南由布村が合併して由布院村に	2月　皇道派青年将校による2・26事件

一九三九	14	4月　野上尋常小に入学。父が陸軍に召集されたため2学期から熊本市の大江尋常小に転校	9月　第2次世界大戦始まる
一九四一	16		12月　ハワイ真珠湾攻撃。太平洋戦争始まる
一九四三	18	父が中国戦線に出征	12月　第1回学徒出陣
一九四五	20	7月1日　熊本大空襲。野上国民学校へ再転校、終戦を迎える	8月15日　終戦
一九四六	21	4月　旧制日田中学校入学。生物部に入部し昆虫採集と登山に明け暮れる	11月　日本国憲法公布
一九四八	23	町制施行で由布院町となる	11月　極東国際軍事裁判所、戦犯25被告に有罪判決
一九五〇	25		6月　朝鮮戦争勃発
一九五一	26		9月　対日平和条約の締結とともに、日米安保条約調印
一九五二	27	3月　日田城内高（現日田高）卒業。結核療養生活が始まる	
		由布院ダム化計画が発覚。青年団が反対運動を展開	

一九五三	28	「玉の湯」が禅寺の保養所として開業	2月　NHKがテレビ本放送を開始
一九五五	30	2月　由布院町と湯平村が合併して湯布院町が誕生。初代町長に岩男頴一氏が当選	
		2月　国立別府病院で肺結核手術	
一九五六	31	1月　自衛隊湯布院駐屯地部隊が開隊	10月　日ソ国交回復の共同宣言
		4月　狭霧台に展望台が設置される	
一九五九	34	5月　国民保養温泉地に指定される	4月　皇太子殿下が結婚
一九六〇	35	日米補償事業による河川改修事業が始まる	
		3月　由布院キリシタン墓群が県指定史跡に	5月　日米安全保障条約延長、安保反対闘争
		9月　8年半の闘病生活に終止符を打ち、新設の日田市立博物館に研究員として勤務	9月　自民党が所得倍増政策を発表
一九六二	37	中谷健太郎氏が帰郷。「亀の井別荘」を継ぐ	10月　キューバ危機
		敗血症で倒れる。入院中に虫垂炎になり手術	
		5月　湯布院町役場庁舎が完成	

一九六三	38	10月　玉の湯の初代主人・溝口岳人の養女喜代子と結婚	11月　ケネディ米大統領暗殺される
		10月　湯布院厚生年金病院が完成	
		11月　国民宿舎「由布山荘」が完成	
一九六四	39	1月　大分湾の臨海地区が新産業都市に指定される	
		4月　急行西九州号が運行。開通祝賀会を開催	10月　東海道新幹線営業開始
		8月　県立「青年の家」開設	10月　東京五輪開催
		10月　九州横断道路が全線開通	
一九六六	41	4月　日田市立博物館を退職し合資会社「玉の湯」の経営に参加。由布院温泉観光協会の専務理事となり、本格的に町づくり運動にかかわる	中国で文化大革命
		猪鹿鳥料理などの新郷土料理を開発	
		10月　大分国体秋季大会開催。天皇、皇后両陛下が来町しホッケー競技を観戦。献上パンフレットを作成する	
一九六七	42	全国観光絵はがきコンクールで第1席を獲得	6月　中東戦争始まる

一九六七		天皇陛下への献上パンフレットがカタログ・ポスター展で最優秀賞を受賞	
		8月　全日本観光地百選に入選	
一九六八	43	5月　西日本新聞湯布院通信部の嘱託通信員になる	6月　小笠原諸島が復帰
		8月　盆地まつり始まる	
一九六九	44	6月　ＮＨＫ「ふるさとの歌まつり」で蝗攘祭を復活させる	7月　アポロ11号が月面着陸に成功
一九七〇	45	6月　由布院観光協会、ホタル育成に取り組む	国鉄が「ディスカバー・ジャパン」キャンペーンを開始
		7月　猪の瀬戸にゴルフ場開発計画が発覚。「由布院の自然を守る会」を結成して反対運動を開始	3月　大阪で日本万博開催
		10月　自然を守る会が「知名士１００人へのアンケート」を実施してゴルフ場反対闘争を盛り上げる	3月　赤軍派学生、日航機「よど号」をハイジャック
		11月　木下郁知事がゴルフ場反対を表明。計画消滅	7月　東京で光化学スモッグ発生

		12月　町内の旅館で暴力団が出所祝い。全商店がシャッターを降ろして抗議行動を起こす	
		12月　町づくりの雑誌『花水樹』を発刊	
一九七一	46	1月　大山町とまちづくり懇談会を開催	
		3月　「明日の由布院を考える会」を発足	
		6月　中谷健太郎氏、志手康二氏と3人でヨーロッパへ45日間の視察旅行出発	7月　環境庁発足
		9月　大型レジャーセンターの進出をめぐって岩男町長と対立	
		11月　考える会の産業部会が手づくりミソをつくる。地鶏の契約飼育もスタート	
		中谷健太郎氏が「明日の西日本を考える30人委員会」のメンバーになる	12月　円の切り上げ実施（1ドル＝３０８円）
一九七二	47	九州芸工大と湯布院町の環境設計。統一案内標識など設置	2月　札幌冬季五輪開催
		6月　自然環境保護条例制定	5月　沖縄返還

一九七二		9月　牛一頭牧場始まる	7月　田中角栄氏が首相となり、日本列島改造論をぶち上げる
一九七三	48	サファリパーク誘致をめぐって町内で論争となる	10月　第4次中東戦争勃発
		「あすの地域社会を築く住民活動賞」を受賞	第1次オイルショック
一九七四	49	由布院温泉観光協会長に就任（2期4年）	6月　国土利用計画法制定
		2月　清水喜徳郎氏が町長に就任	
一九七五	50	4月　「玉の湯」を大改築して新装オープン。雑木林を大量に植えて「虫庭の宿」づくりに着手	3月　新幹線岡山—博多間が開通
		4月21日　大分県中部地震発生。「九重レークサイドホテル」崩壊のニュースで宿泊客のキャンセル相次ぐ	4月　カンボジア・ベトナムで解放勢力が勝利
		7月　辻馬車が運行	7月　沖縄国際海洋博開催
		8月　ゆふいん音楽祭が始まる	
		10月　牛喰い絶叫大会が始まる	
一九七六	51	7月　町づくりシンポジウム「この町に子供は残るか」を開催	7月　ロッキード事件で田中角栄前首相逮捕

		8月　湯布院映画祭が始まる	
一九七七	52	妻・喜代子の養母・シゲヨが亡くなる前に養子縁組して梅木姓を溝口姓に変える	9月　巨人の王貞治選手が世界記録の756本塁打を達成
一九七八	53	由布院温泉旅館組合長に就任（6期12年）	第2次オイルショック
		湯布院町商工会理事に就任（3期6年）	国鉄が「いい日旅立ち」キャンペーン開始
		6月　第2回ドイツ健康温泉研修旅行を実施	3月　成田空港が開港
一九七九	54	11月　平松守彦知事が一村一品運動を提唱	6月　東京でサミット開催
一九八〇	55	大分県観光功労者として表彰される	
		2月　ムラおこし湯布院炉端討論	
		3月　西日本新聞の嘱託通信員を卒業	7月　モスクワ五輪に日本、米国などが不参加
		11月　牛一頭牧場、百頭突破記念祝賀会	9月　イラン・イラク戦争勃発
		12月　九州湯布院民芸村オープン	
一九八一	56	10月　環境庁より国民保健温泉地に指定される	

一九八一		11月　観光協会が大分県より一村一品運動奨励賞を受賞	
一九八二	57	株式会社玉の湯に社名変更。営業名称は「由布院　玉の湯」。代表取締役社長に就任	2月　羽田沖で日航機逆噴射事故
		3月　湯布院映画祭が日本映画ペンクラブ賞を受賞	6月　東北新幹線が開業
		3月　食べ物文化フェア開催	
		7月　温泉保養館建設をめぐり「百日シンポ」始まる	
		10月　サントリー地域文化賞受賞（中谷健太郎氏、志手康二氏とともに）	
		11月　西日本文化賞・大分合同新聞文化賞受賞（中谷健太郎氏、志手康二氏とともに）	
一九八三	58	7月　「豊の国づくり塾」の開設決定。塾の運営委員長になる	10月　田中元首相がロッキード事件で実刑判決
		11月　「潤いのある町」の活動で自治大臣賞を受賞	
		12月　モーテル類似施設等建築規制条例を設置	

一九八四	59	湯布院町商工会副会長に就任（6期12年）	グリコ・森永事件が社会を騒がす
		1月　9階建てホテル進出問題で反対署名運動	
		4月　住環境保全条例を制定	
		5月　町づくり運動の同志・志手康二氏が病死。享年51	
		11月　湯布院町が「日本旅のペンクラブ賞」を受賞	
一九八五	60	9月　クワオルト構想推進委員会がドイツへ視察	3月　つくば科学万博開催
		11月　湯布院映画祭が「山路ふみ子賞」を受賞	8月　日航ジャンボ機が群馬県御巣鷹山に墜落
一九八六	61	1月　九州21世紀委員会の委員に就任	4月　ソ連でチェルノブイリ原発事故
		2月　吉村格哉氏が町長に就任	
		12月　第1回国土庁農村アメニティ・コンクールで最優秀賞を受賞	
一九八七	62	10月　第1回牛喰いサミットを開催	4月　国鉄分割民営化　JR11社が発足

一九八七		11月　大分県鶴見町（現佐伯市）と姉妹町締結	6月　総合保養地域整備法（リゾート法）が制定され日本中に大規模開発の波が吹き荒れる
一九八八	63	全国商工会連合会会長賞を受賞	
		4月　湯布院町環境デザイン会議設置	9月　ダイエーがプロ野球南海ホークスを買収。球団を福岡に移転させる
一九八九	平成元	3月　特急「ゆふいんの森号」が運行開始	1月　昭和天皇が死去
			4月　消費税（3％）が導入される
一九九〇	2	4月　町がリゾートマンション開発を規制する条例案つくりを開始するも、大分県、建設省が難色	3月　大阪で国際花と緑の博覧会開催
		7月　建設省官僚に対して町の長谷川弘課長がリゾートマンション規制の必要性を訴える	10月　東西ドイツ統一
		9月　リゾートマンションを規制する「潤いのある町づくり条例」を制定	バブル景気の崩壊が始まる
		12月　磯崎新氏設計の新由布院駅舎が完成	

		由布院観光総合事務所を開設	
一九九一	3	4月　人材育成ゆふいん財団発足	1月　湾岸戦争が勃発
		11月　全国花のまちづくりコンクールで優良賞を受賞	6月　長崎の雲仙・普賢岳で大規模火砕流発生
		12月　湯布院町「基本構想・総合計画」が完成	12月　ゴルバチョフ大統領が辞任し、ソ連崩壊
一九九三	5	由布院温泉観光協会長に就任（1期2年）	
		財団法人あしたの日本を創る協会会長賞を受賞	
一九九四	6	2月　佐藤雄也氏が町長に就任	6月　社会党の村山富市委員長が首相に
		6月　九州横断道路が無料化	
一九九五	7	由布院温泉観光協会顧問に就任（3期6年）	1月　阪神・淡路大地震
		由布院温泉旅館組合顧問に就任（3期6年）	3月　地下鉄サリン事件
		9月　湯の坪街道が都市景観大賞を受賞	大リーグを舞台に野茂英雄投手の「トルネード旋風」
一九九六	8	日本観光協会会長賞、大分県知事賞を受賞	
		3月　大分自動車道（鳥栖～大分）が全線開通	

一九九六		5月　由布院駅舎が「公共建築・特別賞」を受賞	
一九九七	9	2月　「豊かな畜産の里」で農林水産大臣賞を受賞	4月　消費税が5％に引き上げられる
		4月　健康温泉館「クアージュゆふいん」が町営でオープン	7月　香港が中国に返還される
		10月　日出生台演習場の米軍使用に関する協定を締結	
		12月　観光協会が地域おこしの功績で「岩切章太郎賞」を受賞	
一九九八	10	2月　吉村格哉氏が町長に返り咲く	2月　長野冬季五輪開催
		2月　由布院観光総合事務所の事務局長を全国公募。酒宴面接を実施して注目される	
		5月　ゆふいん文化・記録映画祭始まる	
		日本観光旅館連盟会長表彰を受ける	
		ゆふいん料理研究会が発足	
		運輸大臣表彰、交通文化賞を受賞（中谷健太郎氏とともに）	

一九九九	11	湯布院町商工会会長に就任	8月　茨城県東海村で国内初の臨界事故
		経済企画庁経済審議会特別委員に就任	
		運輸省観光政策審議会専門委員に就任	
		2月　米海兵隊の実弾射撃訓練が日出生台演習場で行われる	
		4月　ゆふいんの森構想策定	
二〇〇一	13		9月　米国で同時多発テロ
二〇〇二	14	9月　全国和牛能力共進会で「寿恵豊」（JA湯布院肥育試験センター）が内閣総理大臣賞に輝く	5月　ワールドカップ（W杯）日韓大会開催
		11月　歩いて楽しい町づくりを目指して交通実験を実施	10月　北朝鮮による拉致被害者5人が24年ぶりに帰国
		12月　国土交通省の観光カリスマの第1陣に選出される	
二〇〇三	15	由布院温泉旅館組合顧問に就任	3月　イラク戦争勃発
		4月　挾間・庄内・湯布院法定合併協議会が発足	

二〇〇三		9月　「道の駅ゆふいん」が開駅	
		10月　「玉の湯」が創業50周年を迎え感謝の宴を開催。会長に退き長女の桑野和泉が社長に就任	
		10月　厚生労働大臣賞を受賞	
		10月　佐藤哲紹氏が町長に就任	
		11月　NHKのプロジェクトX「湯布院　癒やしの里の百年戦争」が放映される	
二〇〇四	16	11月　町制50周年記念事業	10月　マリナーズのイチロー外野手が258安打目を放ち大リーグの年間最多安打記録を84年ぶりに更新
二〇〇五	17	4月　旭日小綬章を受章	3月　福岡県西方沖地震
		10月　湯布院町と庄内町、挾間町が合併して由布市に	10月　九州国立博物館が開館
		11月　首藤奉文氏が初代由布市市長に就任	
二〇〇七	19	2月　第1回風の食卓祭を開催	

二〇〇八	20	10月　湯の坪街道の景観を保つための景観計画を策定	5月　大分県教委を舞台にした汚職事件が発覚
			11月　J1大分トリニータがナビスコ杯初制覇
二〇〇九	21	3月　由布市湯布院町塚原の原野で野焼き作業中の4人が死亡	
		7月　第35回ゆふいん音楽祭が開催。この回をもって終了する	
二〇一一	23		3月　東日本大震災。福島原発事故を誘発し、日本は未曽有の大災害に見舞われる 3月　九州新幹線「つばめ」、博多—鹿児島中央間が全線開通
二〇一二	24	7月　九州北部で豪雨被害。JR九州の特急「ゆふいんの森号」が1カ月半にわたり通常運行出来なくなり観光客が落ち込む	
二〇一三	25	3月　「亀の井別荘」の中谷健太郎氏が会長に退き、長男の太郎氏が社長に就任	

口絵写真　飯田安国
写真提供　西日本新聞社
　　　　　溝口薫平

『虫庭の宿　溝口薫平聞き書き』（西日本新聞社、二〇〇九年八月）に加筆、改題しました。

JASRAC　出1303649-301

中公文庫

由布院《ゆふいん》ものがたり
――「玉《たま》の湯《ゆ》」溝口薫平《みぞぐちくんぺい》に聞《き》く

2013年4月25日　初版発行

著　者　野口《のぐち》智弘《ともひろ》

発行者　小林敬和

発行所　中央公論新社
〒104-8320　東京都中央区京橋2-8-7
電話　販売 03-3563-1431　編集 03-3563-3692
URL http://www.chuko.co.jp/

ＤＴＰ　嵐下英治
印　刷　三晃印刷
製　本　小泉製本

Published by CHUOKORON-SHINSHA, INC.
Printed in Japan　ISBN978-4-12-205783-8 C1195